“十一五”国家重点图书出版规划项目

北京市社会科学理论著作出版基金重点资助项目

启功全集

（修 订 版）

第十二卷

册 页

扇 面

北京师范大学出版集团
BEIJING NORMAL UNIVERSITY PUBLISHING GROUP
北京师范大学出版社

图书在版编目（CIP）数据

启功全集（修订版）. 第12卷，册页、扇面 / 启功著. —北京：北京师范大学出版社，2012.9

ISBN 978-7-303-14712-0

Ⅰ. ①启… Ⅱ. ①启… Ⅲ. ①启功（1912—2005）－文集 ②汉字－法书－作品集－中国－现代 ③中国画－作品集－中国－现代 Ⅳ. ①C53 ②J222.7

中国版本图书馆CIP数据核字（2012）第 181273 号

营销中心电话　010-58802181　58805532
北师大出版社高等教育分社网　http://gaojiao.bnup.com.cn
电子信箱　beishida168@126.com

QIGONG　QUANJI

出版发行：北京师范大学出版社 www.bnup.com.cn
北京新街口外大街 19 号
邮政编码：100875
印　　刷：北京盛通印刷股份有限公司
经　　销：全国新华书店
开　　本：170 mm × 260 mm
印　　张：372.5
字　　数：5021 千字
版　　次：2012 年 9 月第 1 版
印　　次：2012 年 9 月第 1 次印刷
总 定 价：2680.00 元（全二十卷）

策划编辑：李　强　　责任编辑：侯　刚　倪　花
美术编辑：毛　佳　　装帧设计：李　强
责任校对：李　菡　　责任印制：李　啸

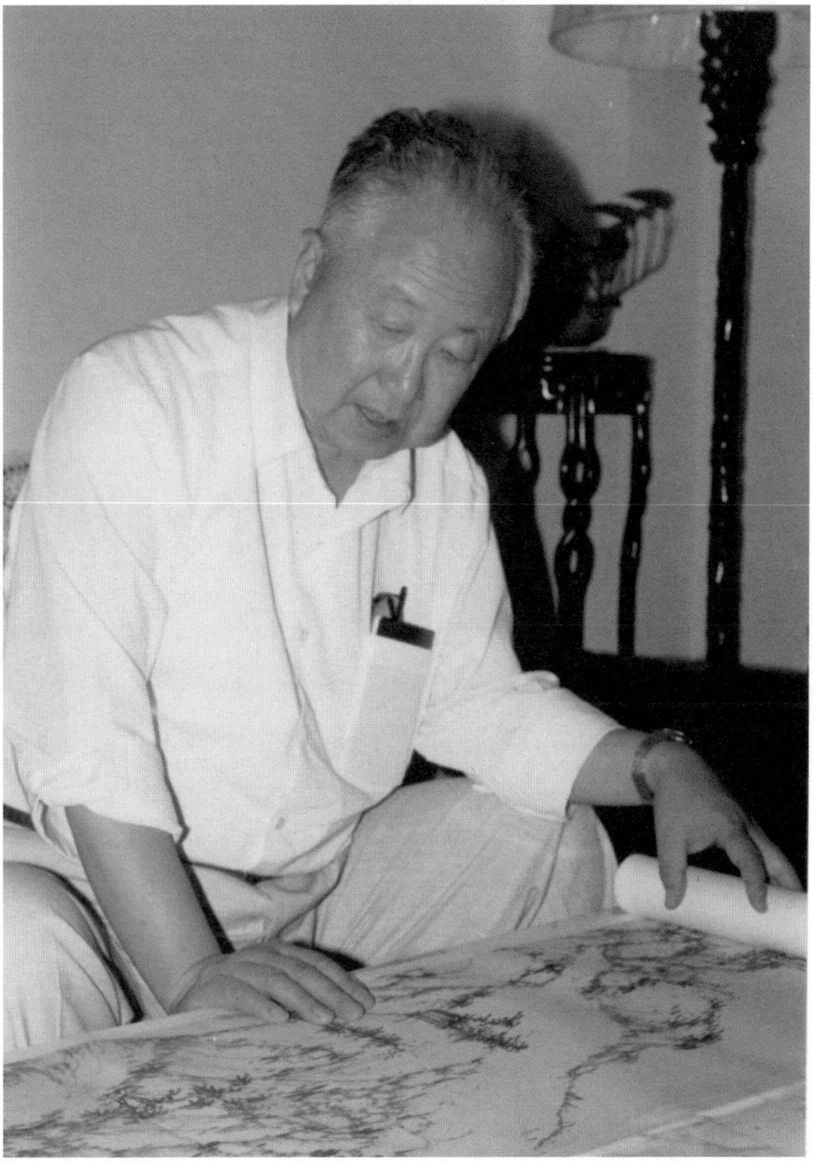

启功先生像

目 录

册 页

扇 面

夏册

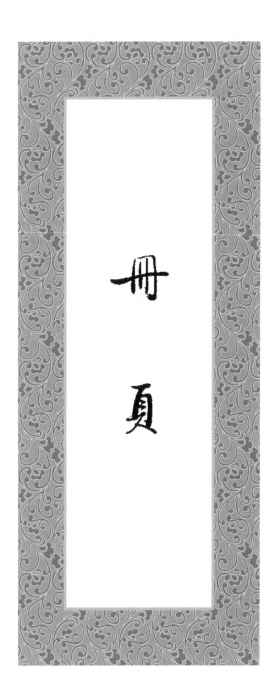

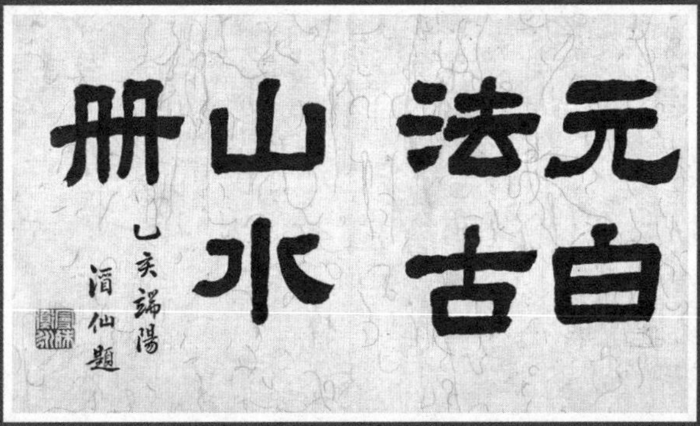

元白法古山水册

册页　8开　每开30.1cm×33.3cm
一九三四年作　设色纸本　个人收藏

5

册页

启功戏墨

册页 7开

一九三八年作　设色纸本　个人收藏

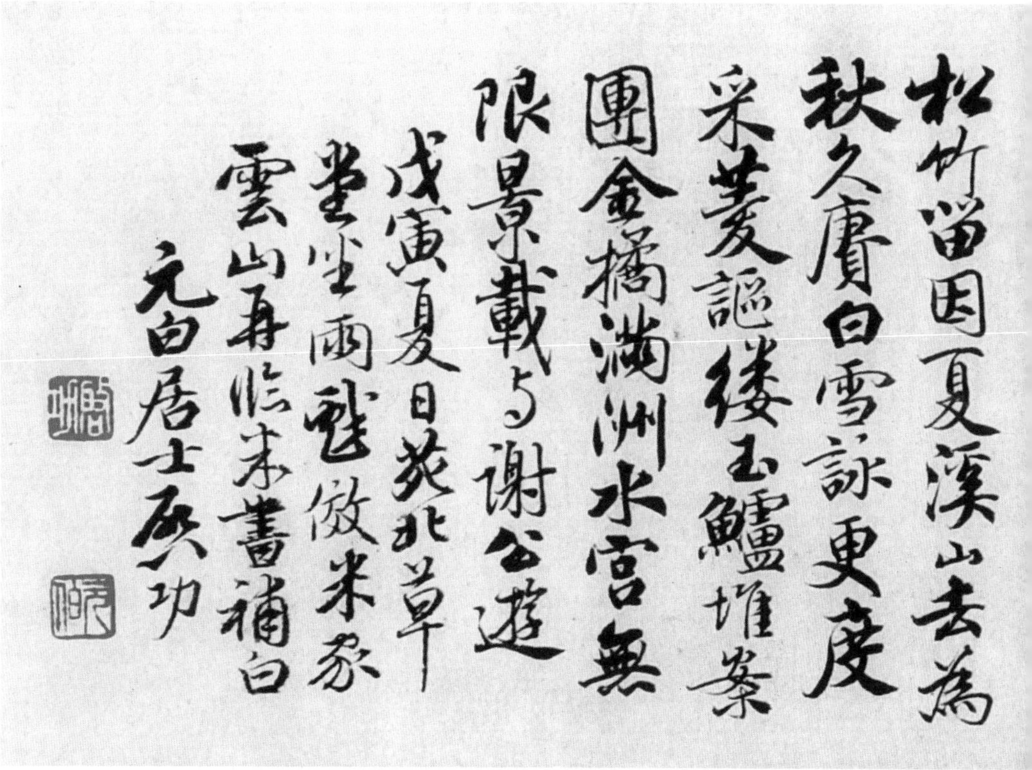
松竹留因夏溪山去為
秋久賡白雪詠更度
采菱謳縷玉鱸堆案
團金橘滿洲水宮無
限景載與謝公遊
戊寅夏日熱北草
堂坐雨戲倣米家
雲山并臨米書補白
元白居士啟功

启功

启功

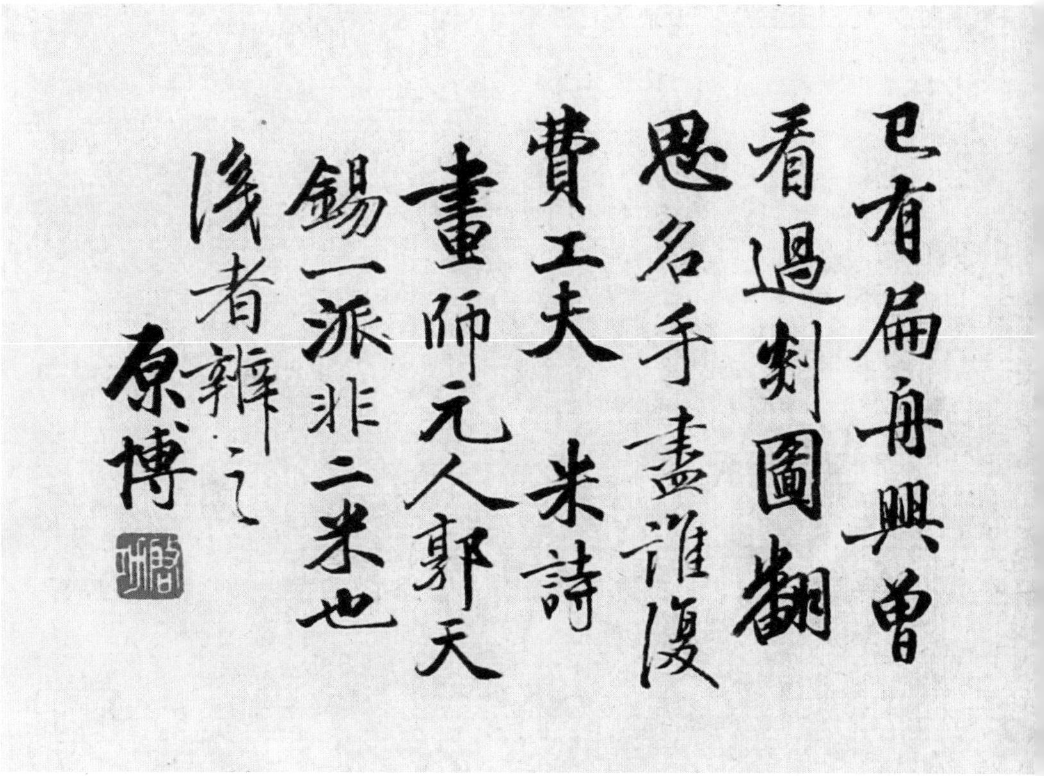
已有扁舟興曾
看過劉圖翻
思名手畫誰復
費工夫 米詩
畫師元人郭天
錫一派非二米也
後者辨之
原博

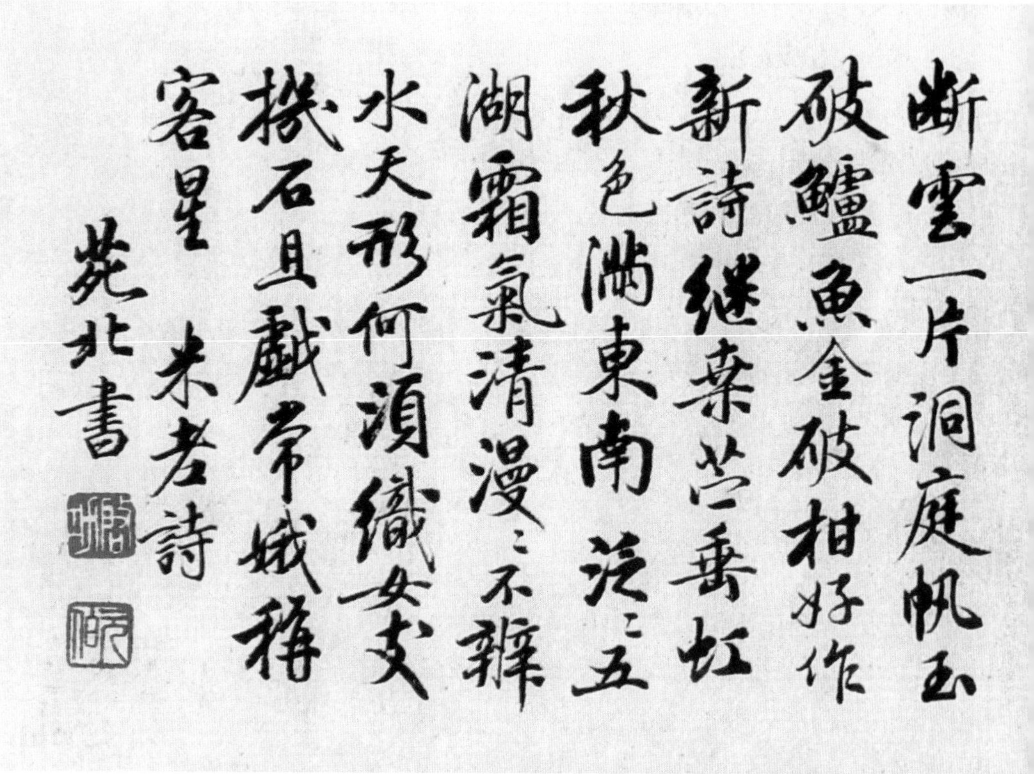
断雲一片洞庭帆玉
破鱸魚金破柑好作
新詩繼桑苧垂虹
秋色滿東南泛泛五
湖霜氣清漫漫不辨
水天形何須織女支
機石且戲常娥稱
客星 米老詩
堯北書

荣宝斋藏山水册

荣宝斋藏山水册

册页　12开　每开29.5cm×41.8cm

一九四五年作　设色纸本　荣宝斋藏

擷翠館書
莊鄭慕倩
寫月色小冊
有竹氣松間
湖心石上諸
景此煙峯頂
一幀尤為超
曠省榦大略
乙酉中秋偕雨
岳月焜心此
元白

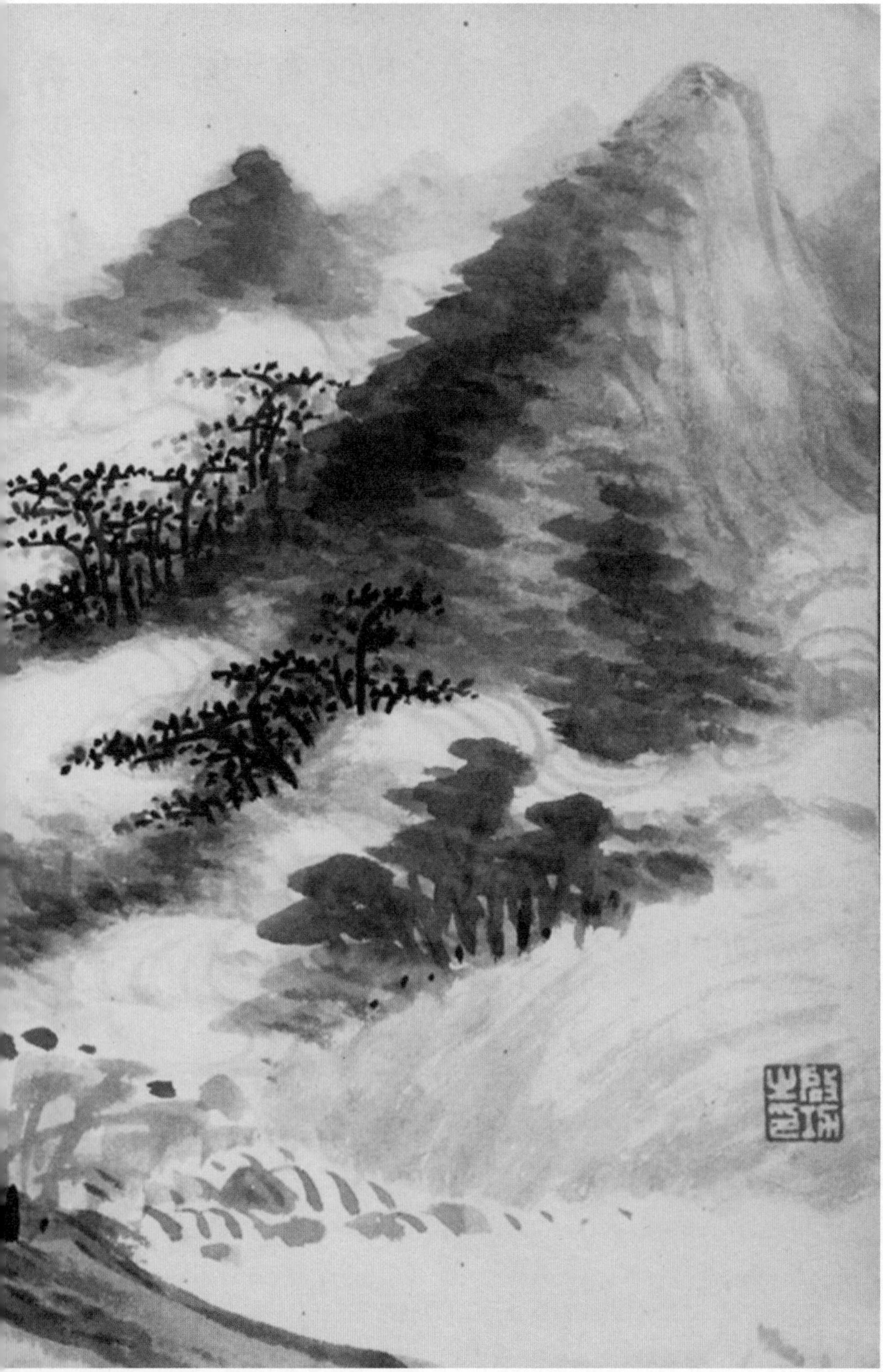

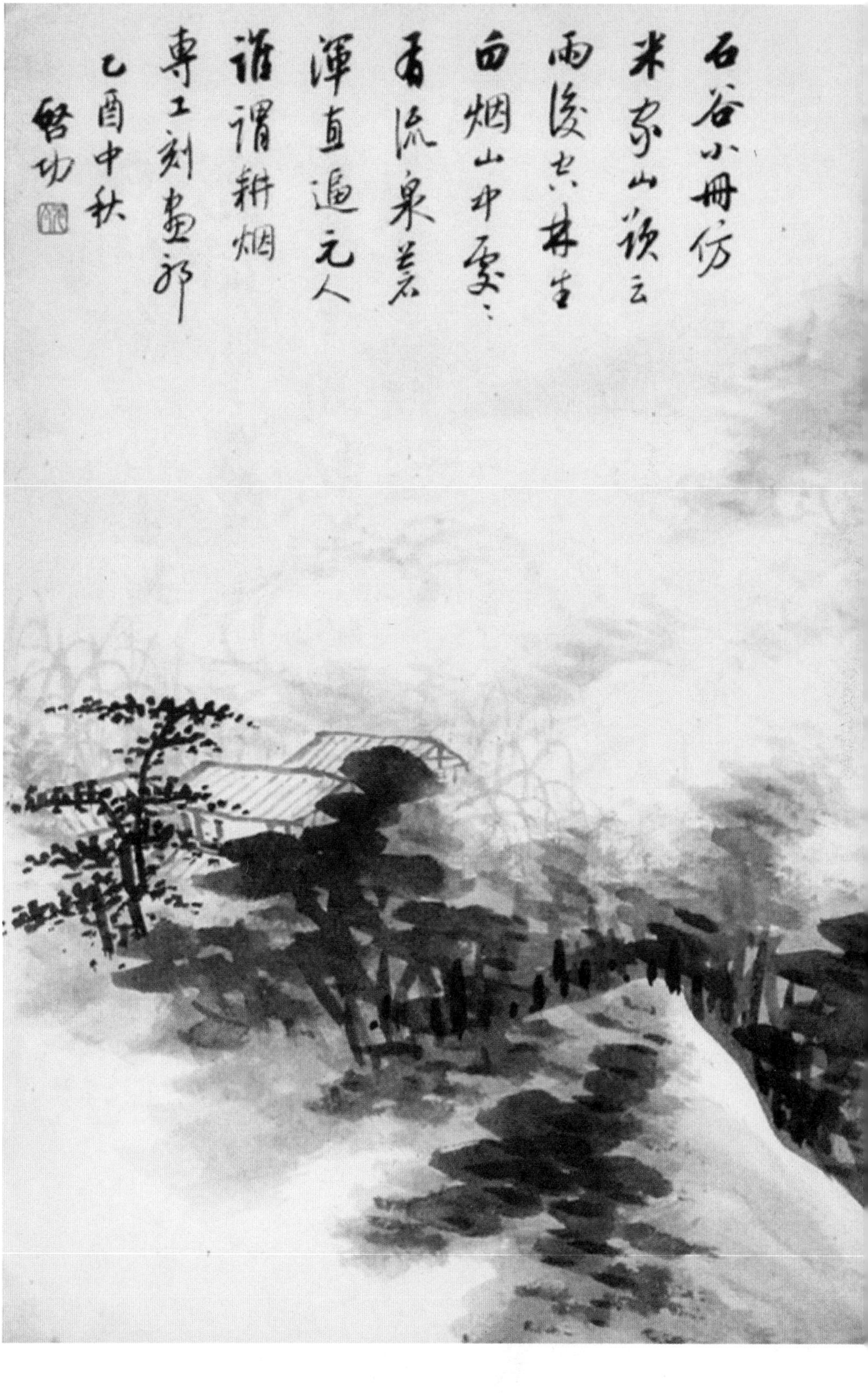
石谷小册仿
米家山款云
雨後出林生
面烟山中叠叠
有流泉蒼
渾直逼元人
誰謂耕烟
專工刻畫耶
乙酉中秋
啓功

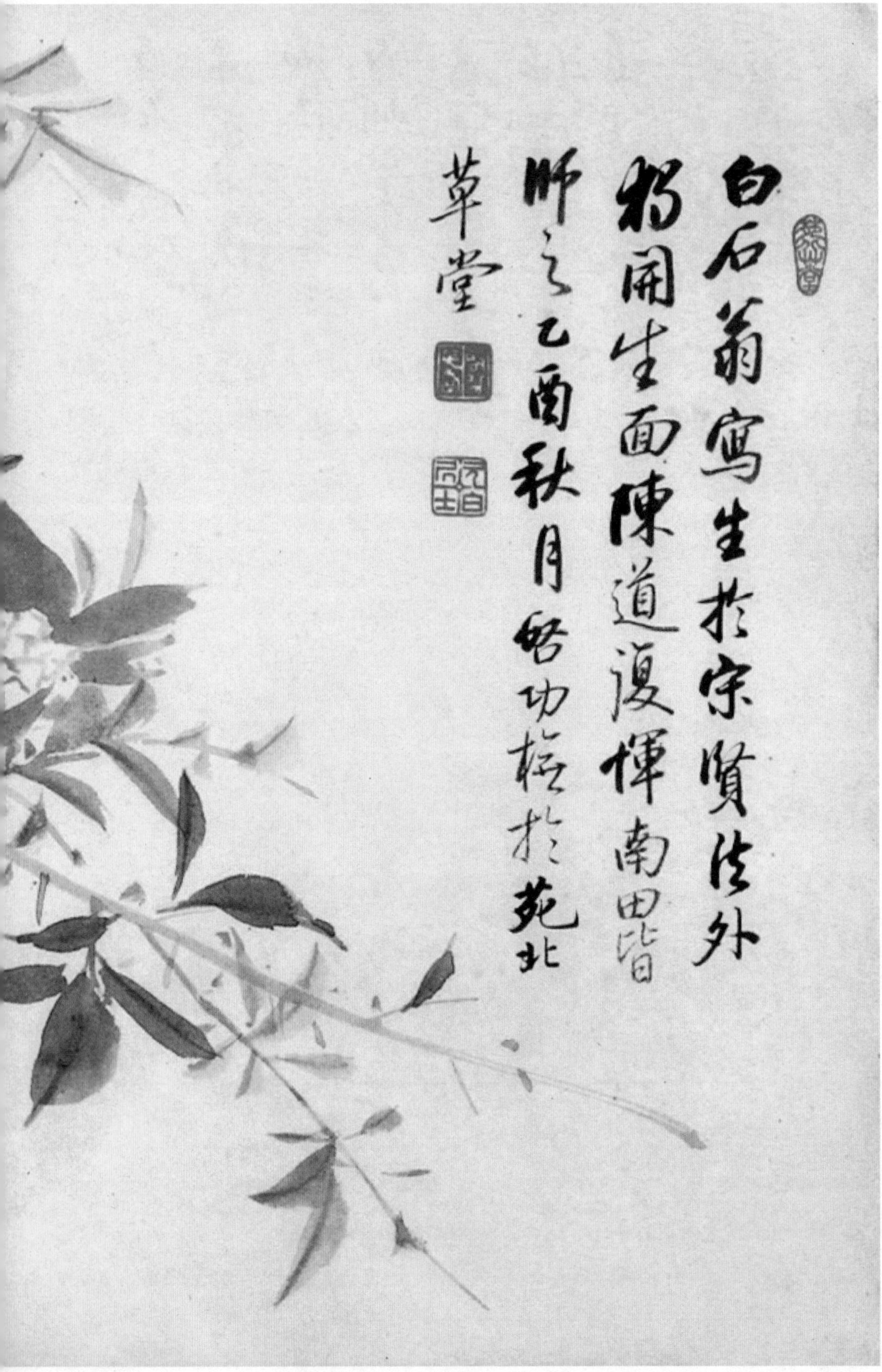
白石翁寫生於宋賢法外
獨開生面陳道復惲南田皆
師之乙酉秋月啟功橅於苑北
草堂

王石谷江
山雪霁
图真迹不可
得而见矣近
从西田石
谷橅本想
其神采世
传思翁跋一
卷无复天
机稍经删
易耳 启功

白陽山人用筆如快劍斫陣不留
若前少加柔翰便是南田但不可
與耳食者道也時頓悟合南宗
筆之旨不自量矣 啟功

麓台師子久
与娄东辈常
小異近見大幀
仿佛銅官山
筆墨法異
擬大之於此 啟功

丛峦叠嶂
工力极深
渐修霸
悍家莽
云壑高
秋园雅
迤石田因
师禾之三
启功

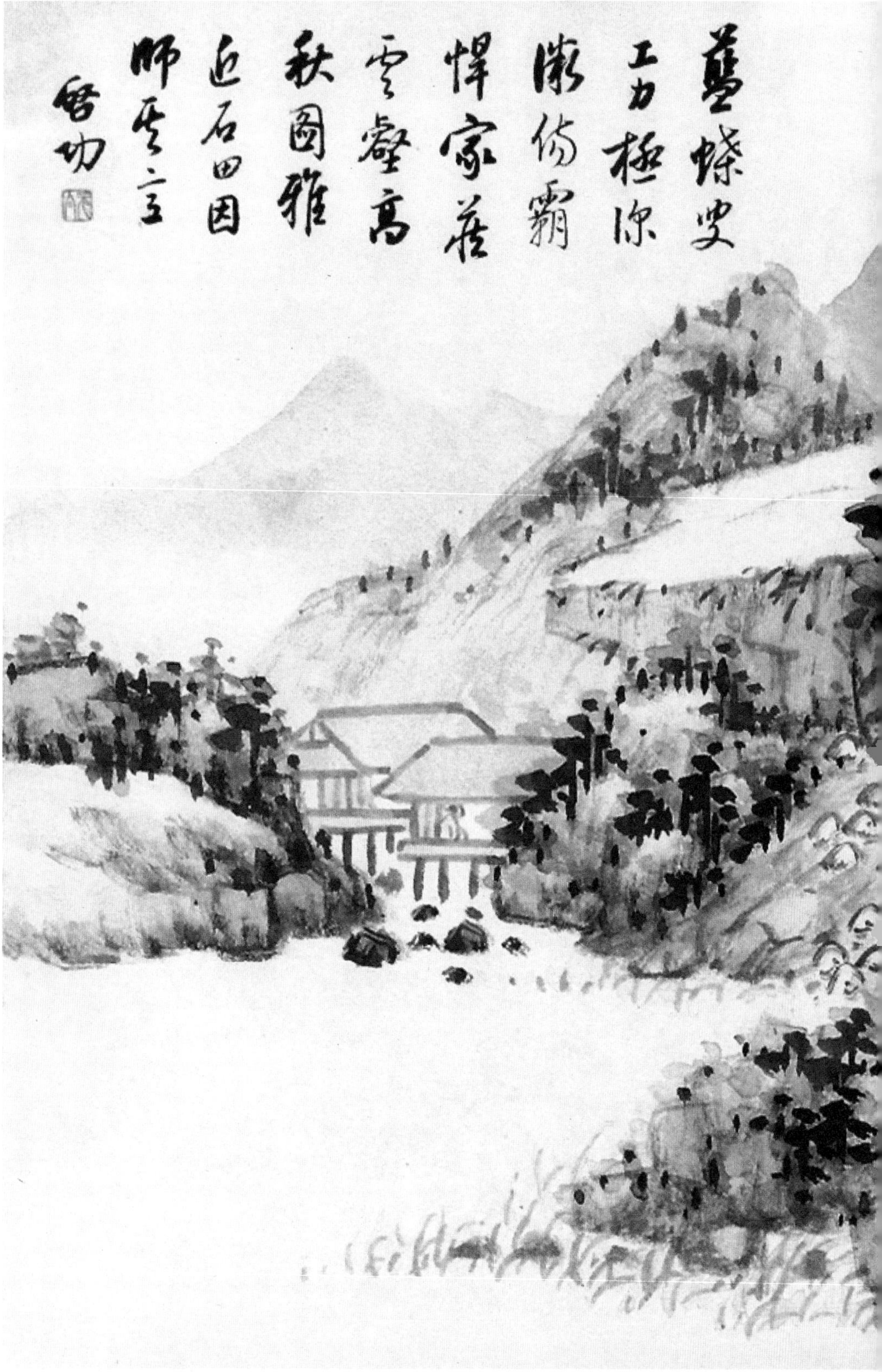

渐渐看不见了也

神韵古澹浑

之但得形模

墨�m其横

图暮年妙

溪山翁间舟

启功 [印]

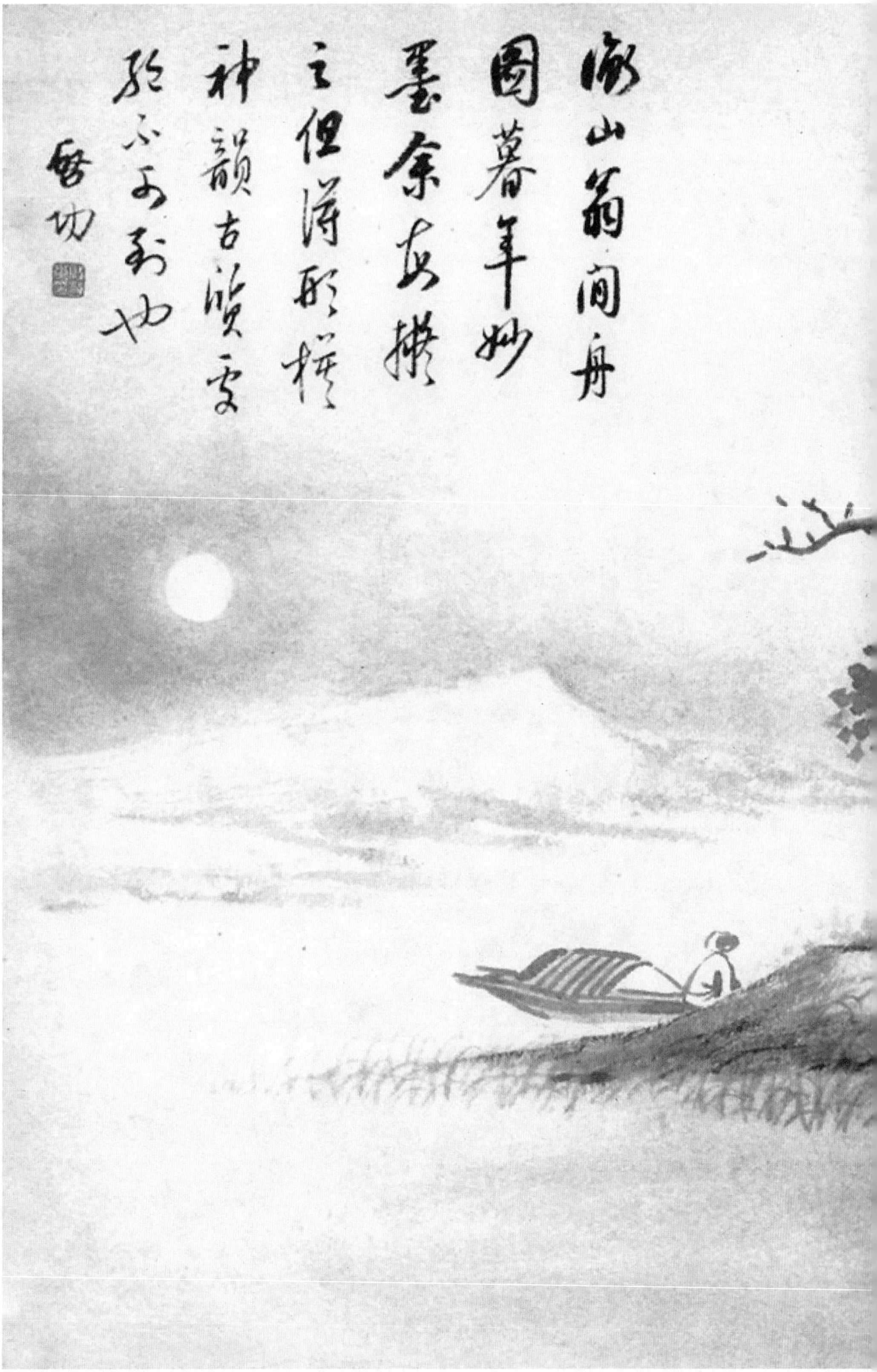

石谷子為周东會作巨然山
水圖筆法絕奇〻極矣一角元白

文三水写兰能事
金陵之致壬图撰
三愧不能似 启功

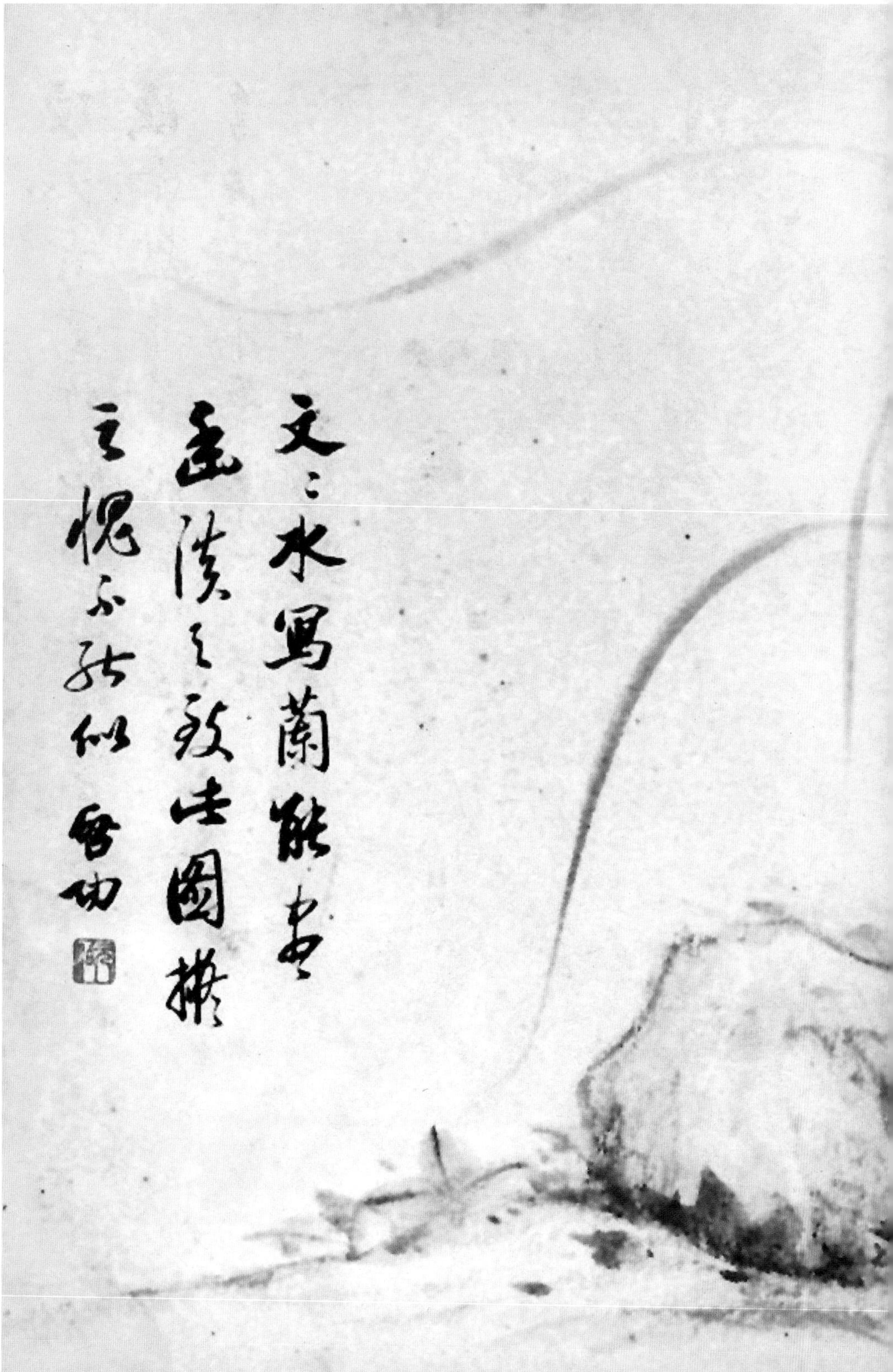

项又新写竹梢标逸韵尝见
坡面数笔叶能合心惜传世不
多耳丛木石小景亦不减元人
启功临并识

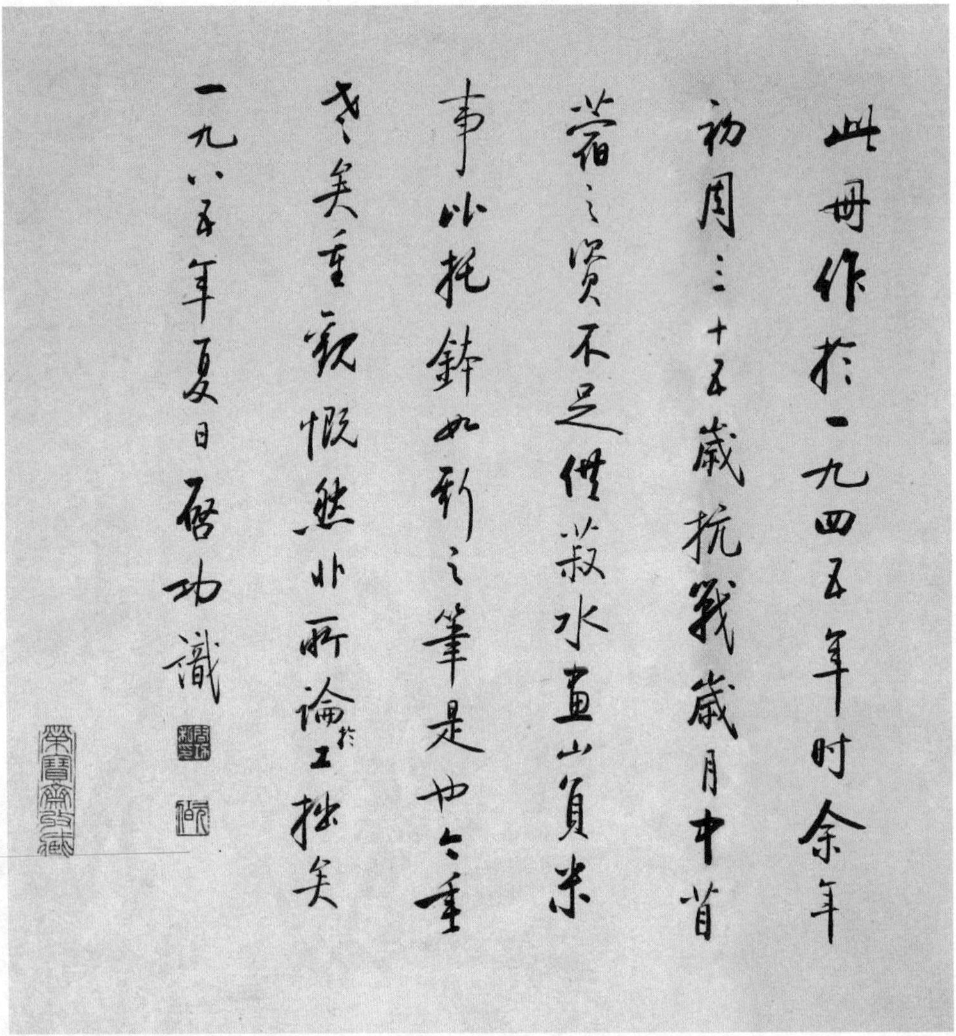
此册作於一九四五年时余年
初周三十五歲抗戰歲月中苜
蓿之資不足供菽水畫山負米
事以托鉢如新之筆是也今垂
老矣重觀慨然非所論於工拙矣
一九八五年夏日啓功識

闲窗逸兴

册页　12开　每开40.5cm×28.5cm

一九四五年作　设色纸本　个人收藏

拈嶽老人秋山圖自題云
沒骨畫至於刻畫北派院
體以後之寫秋山未始不爲僅
繇傳神寫風韻沖夷全自畫
禪門正道中求也
元白居士

白下霜前晚樹紅幾秋羈思浩無窮倪家小樣
山亭子畫得蒼蒼落木風最憶西風長板橋笛
床禪閣雨蒲蒲只今畫裏猶知處一抹寒烟似六
朝壹將枯木寫經行策策風林落葉聲一片斷
霞秋色裏白雲黃葉本無情青門楊柳白
門烏秋雨秋陰舊酒壚何處蘼蕪最相憶
繚絲風雨暗西湖松圓老人畫荒寒冷逸與
其詩品相表裏俍師其法作手書絕句四
首以發畫趣不必與景物相合也經
乙酉秋日宿雨初霽試蕉葉小硯筆墨俍潤

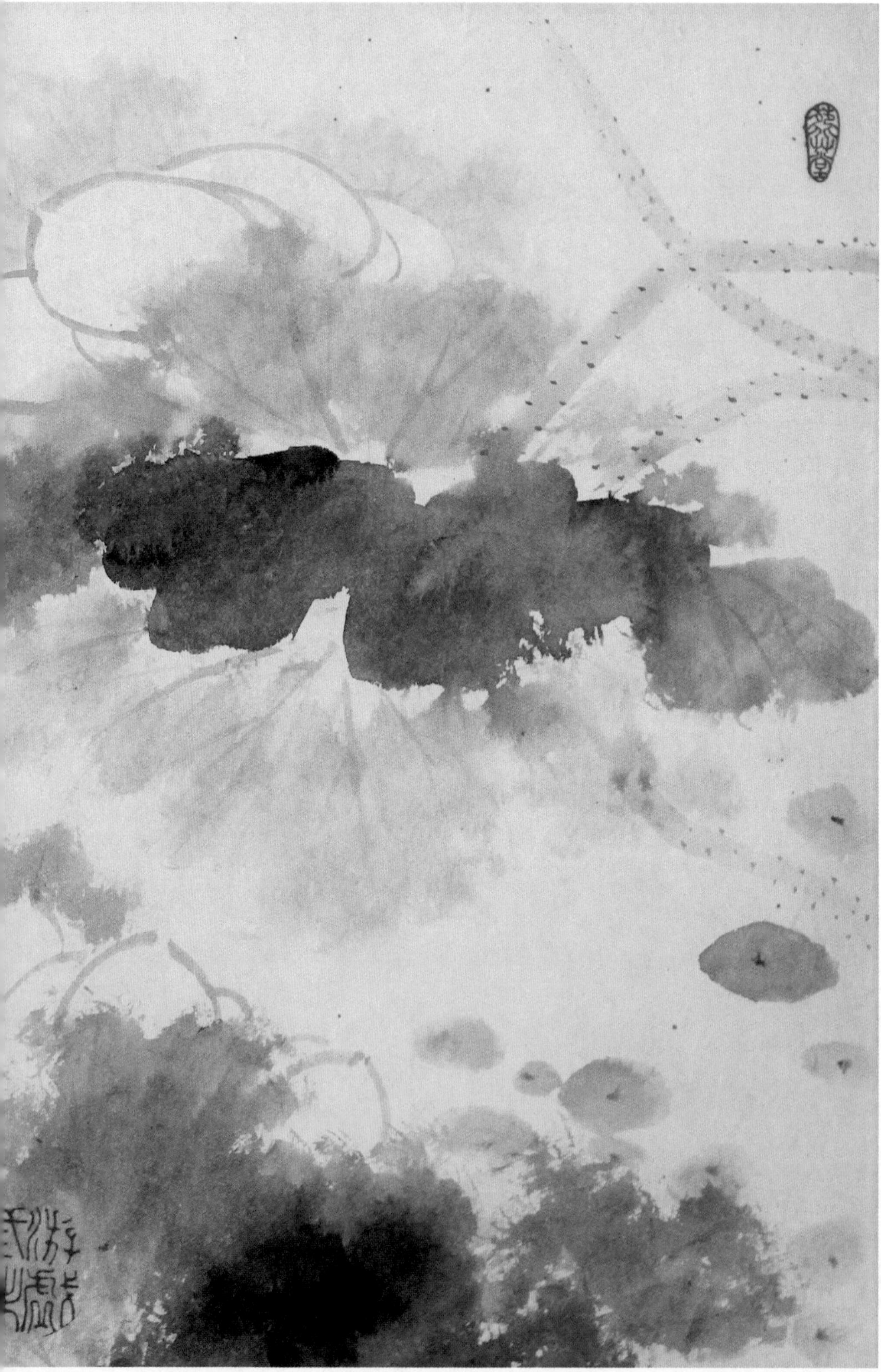

蓋張樂於洞庭之野鳥值而
高翔魚聞而深潛豈絲竹之
響咸英之奏非耶彼所愛已
善所樂迺異空如物斯爲何
之 昨鍾太傅書何圖

八大山人墨妙 元白居士觀於首都寓堂

磊磊幾塊
石馥馥數
枝蘭寫得
其中意幽
情在筆端
一枝閣下
石濤濟
山僧

濟上人寫蘭於停雲
家法之外特得天趣
飛翔之妙板橋道
人和淋之趣韻不足道
耳縱板亭不自揣妄
擬大滌翁亦不謂聊
復爾耳也元白功

天香玉露清丹藥杵無聲高處應難剪枝猶蔽月明

飄香閣倣宋人本

秋夜涼風閒隔牆桂花香亦興寫此 啟功

白陽山人蕩之善之豈易工
而動合矩度尤下別傳是
稱逸品此幅晃師足宝 元白

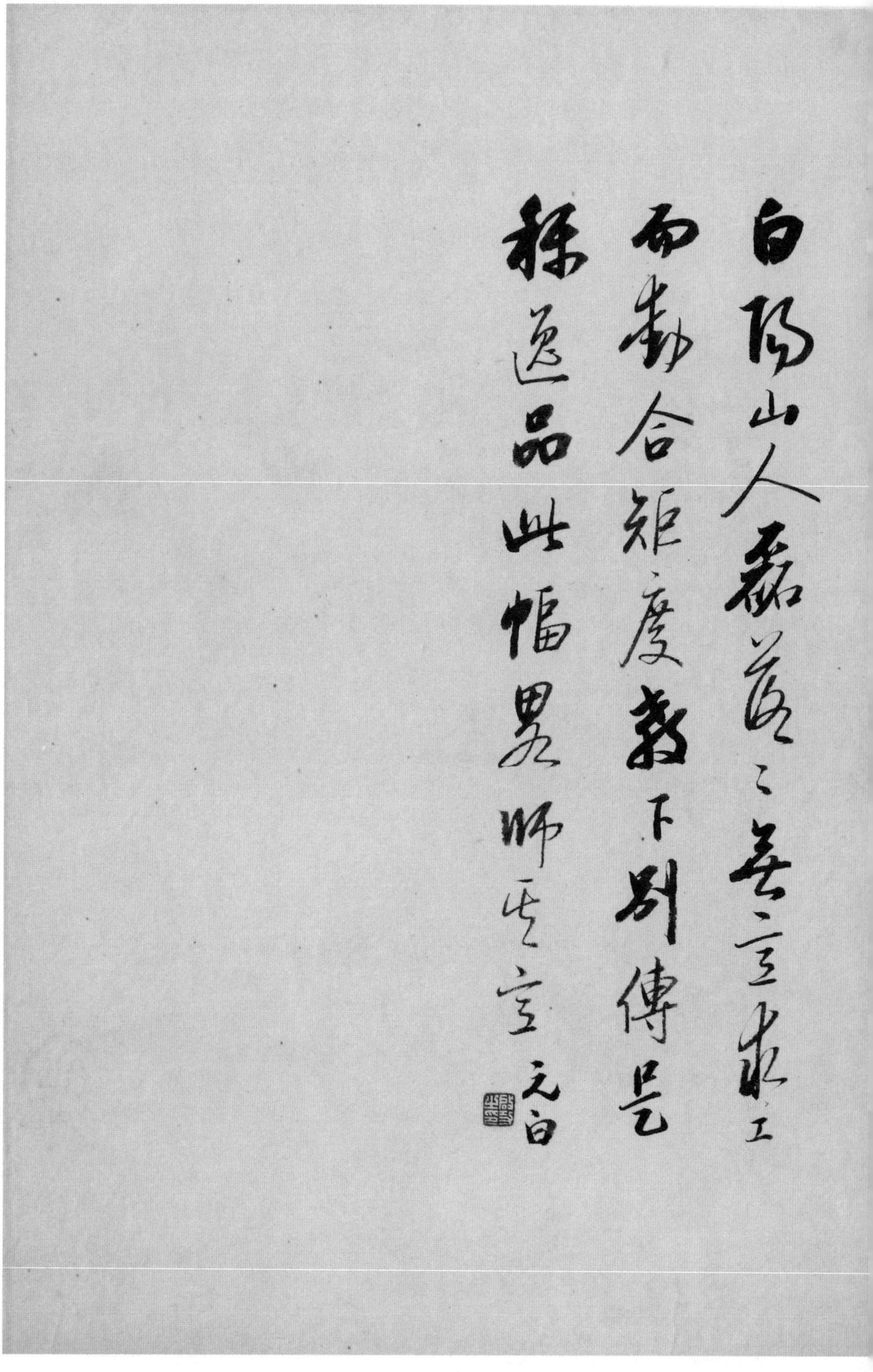

雨過江皋迥野虹
虛帘坐愛晚來風
雲林一去誰相語
賸對清波返照紅

啓功并題

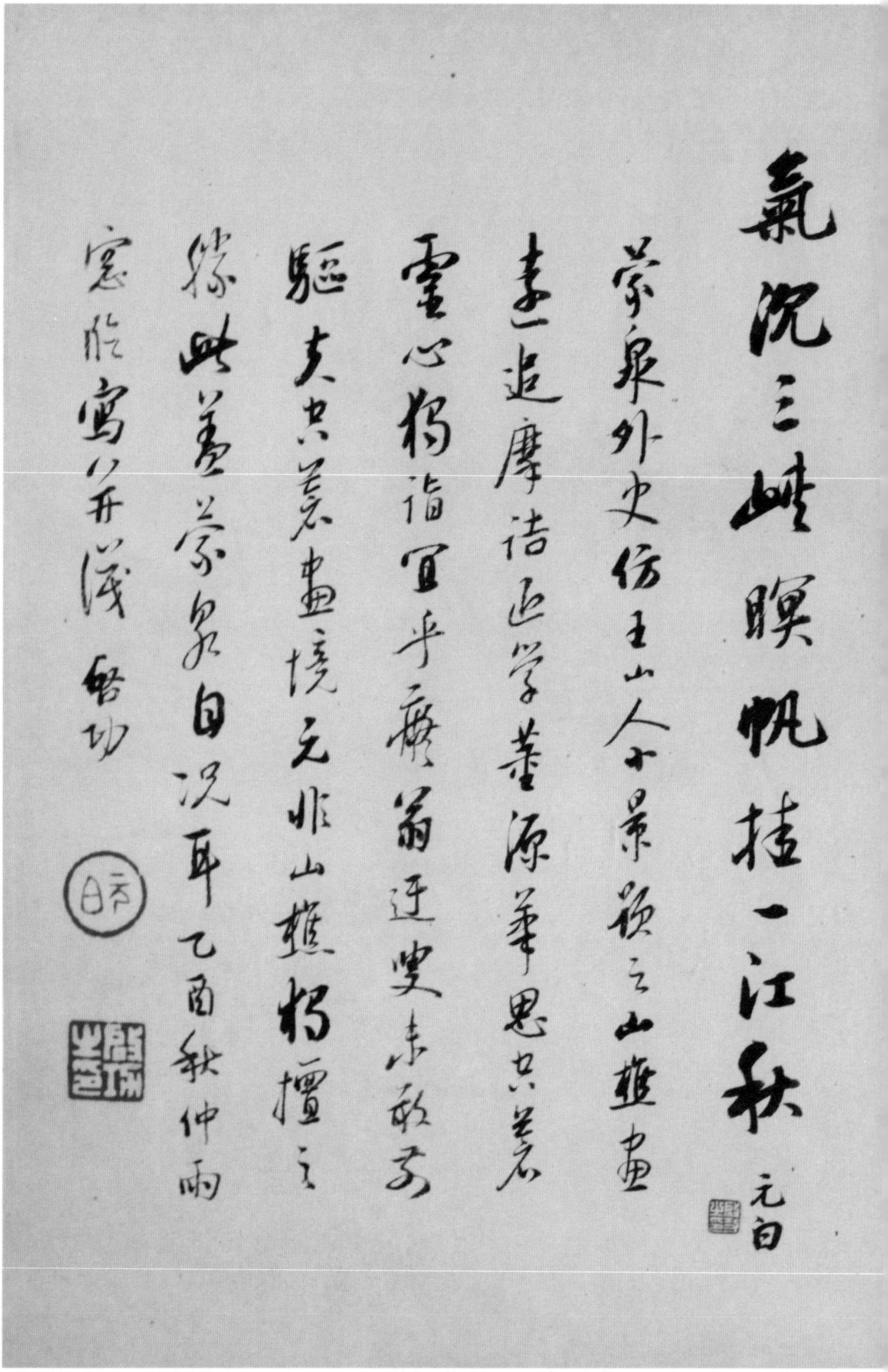
氣沉三峽暝帆挂一江秋 元白
荼泉外史仿王山人小景題云山樵畫
事追摩詰遠學董源筆思只若
靈心獨詣宜乎廣翁迂叟未敢爭
驅矣只若畫境元非山樵獨擅之
緣此蓋荼泉自況耳乙酉秋仲雨
窗作寫以弁以箋 啓功

倪迂题元时画要称房山鸥波虽大痴叔明犹亦一格观此画平淡天真追于董米与子昂并驰不虚矣高尚书画守宋格故迂翁标举与鸥波并称子昂亦非一变体也真迹不可见此从画翁临本想象得之

乙酉九秋 元白居士

小苑先生論余畫見數幅便傅色之妙云間諸賢實貝規擬烟客早歲之作宛然文度之法令人友祖婁水而祧華亭甯非昧乎本源乎此擬趙文度本因及之烟客少作所見者陳眉頌之南山圖也乃三十二歲筆昔在寒齋行宿附記於此 元白

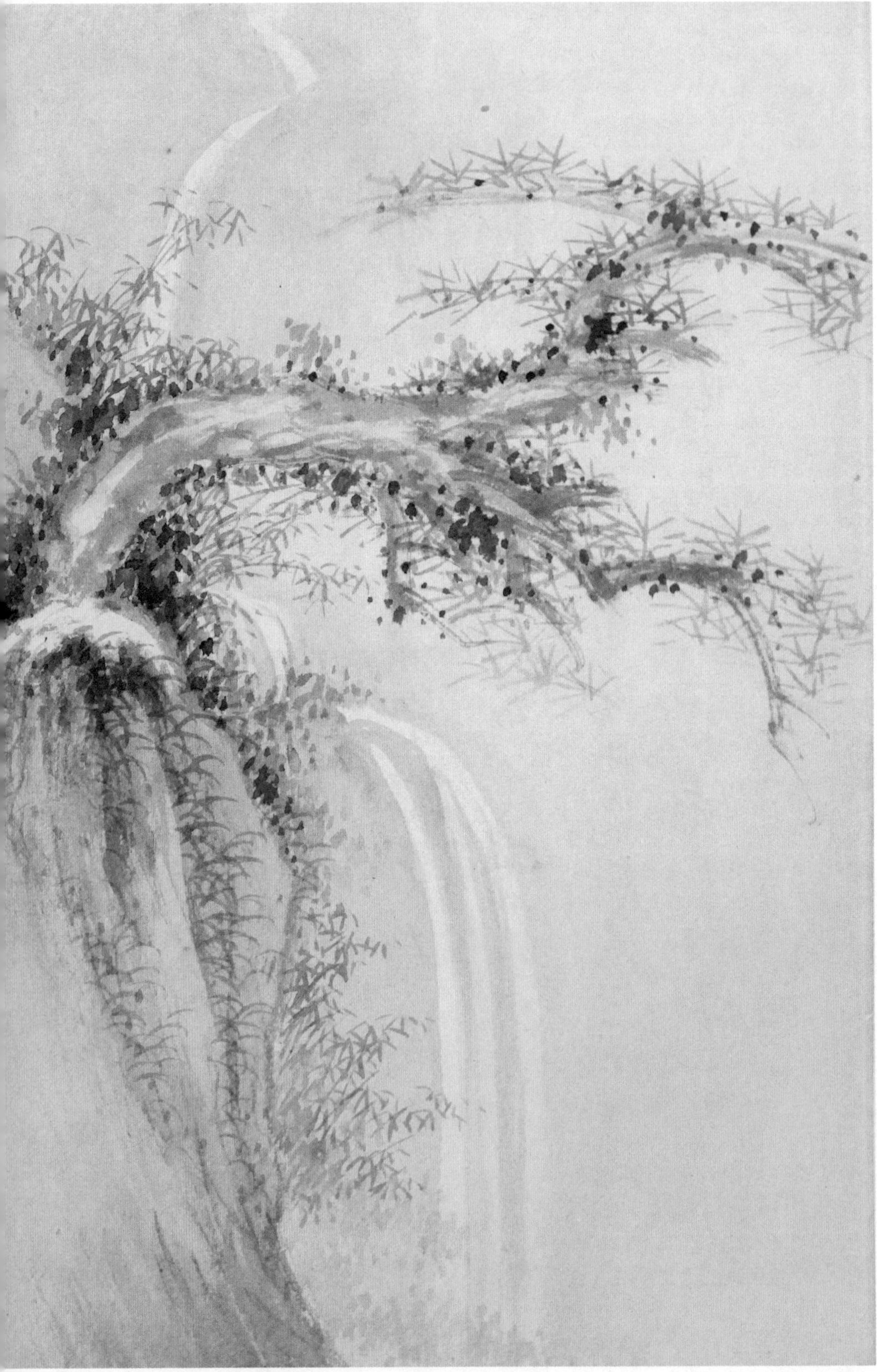

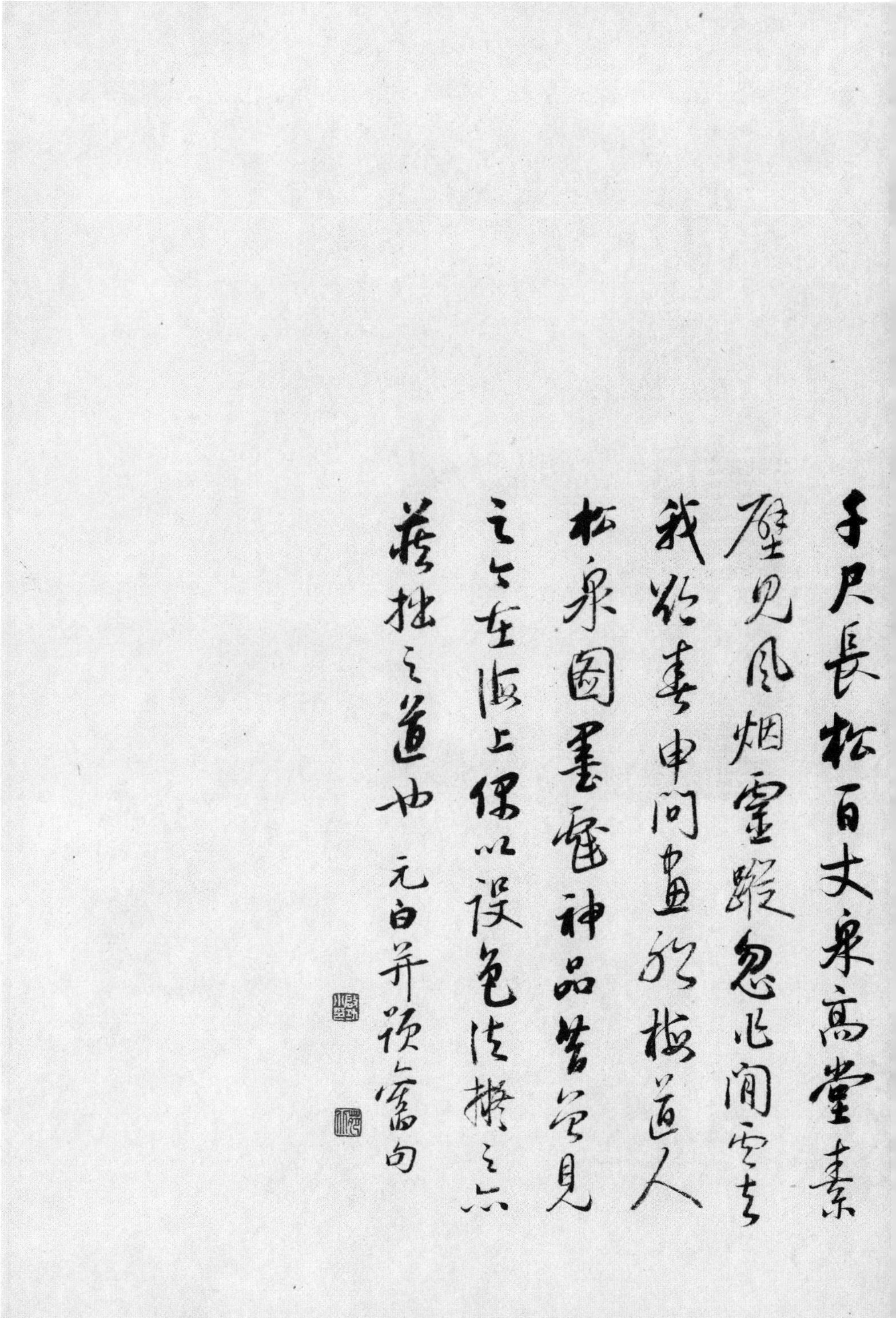
千尺長松百丈泉高堂素
壁見風烟靈蹤忽化閒雲去
我於畫中問畫於梅道人
松泉圖墨蹟神品曾見
之今在海上偶以設色法擬之亦
蒼拙之道也 元白并題舊句

倪雲林桑圃林居圖冊戴文節有摹本蕭疏之致足繼元賢此幀皆臨戴本形模畧似逸韻了不可得 乙酉八月廿四日簡靖堂燦下

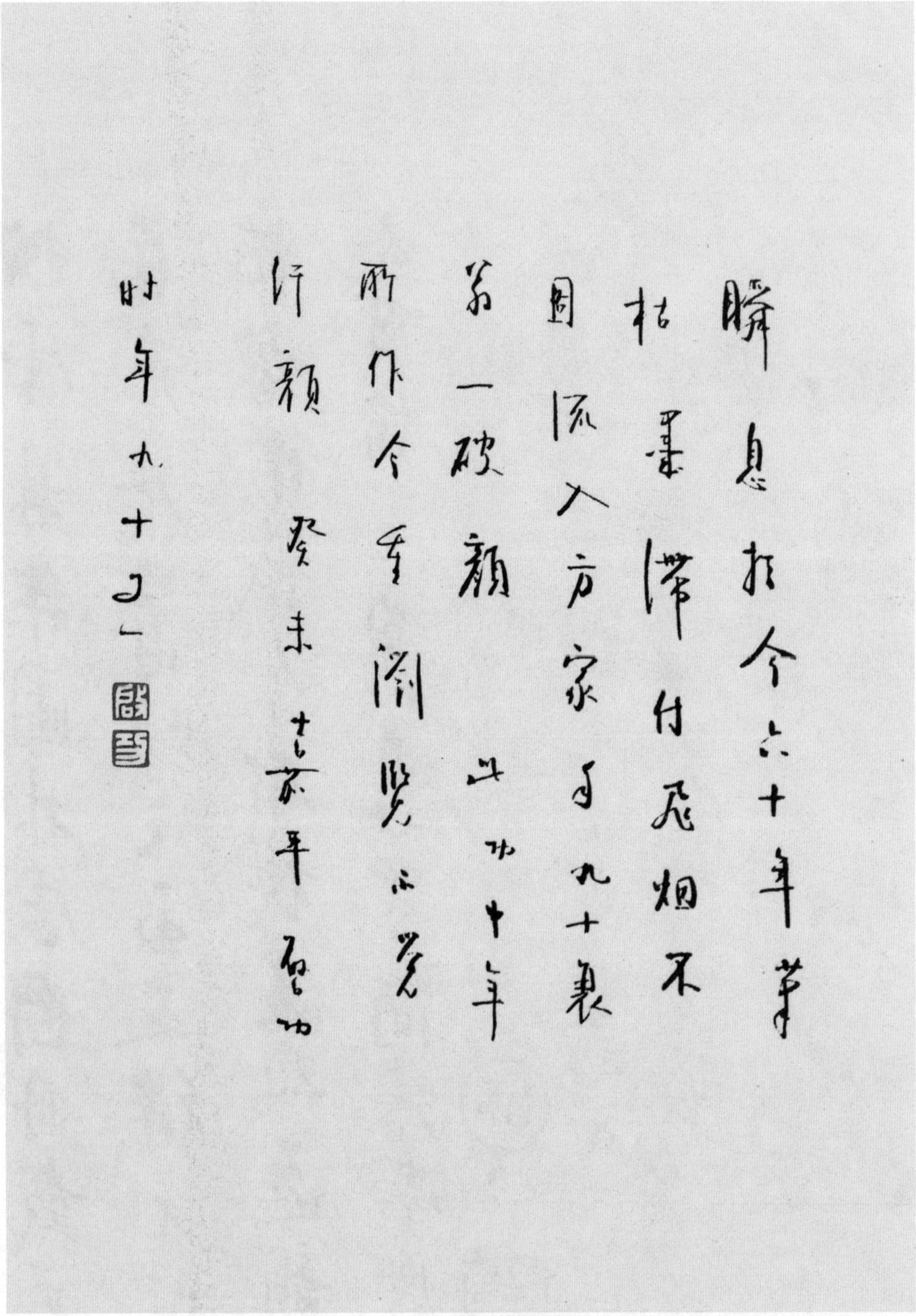
瞬息於今六十年草
枯墨滞付飞烟不
图流入方家手九十衰
翁一破颜 此六十年
前所作今年阅览不觉
开颜 癸未嘉平启功
时年九十又一
启功

花卉山水册

花卉山水册

册页　12开　每开27.6cm×40cm

一九四五年作　水墨纸本　个人收藏

江山臥游
圖一角
元白臨

元白居士

元白居士啓筆
啓功

仿陈眉公
元白

擬趙子固法
啓功

橅陳古白本
元白啓功

山居图
元白写

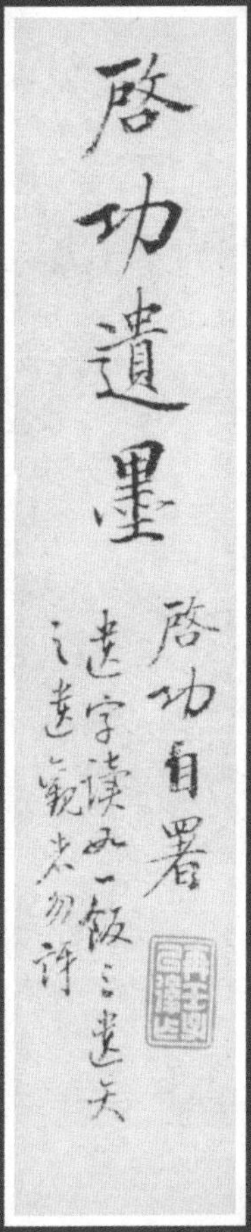

启功遗墨

册页　12开　每开18cm×24cm

二十世纪五十年代作　水墨纸本　个人收藏

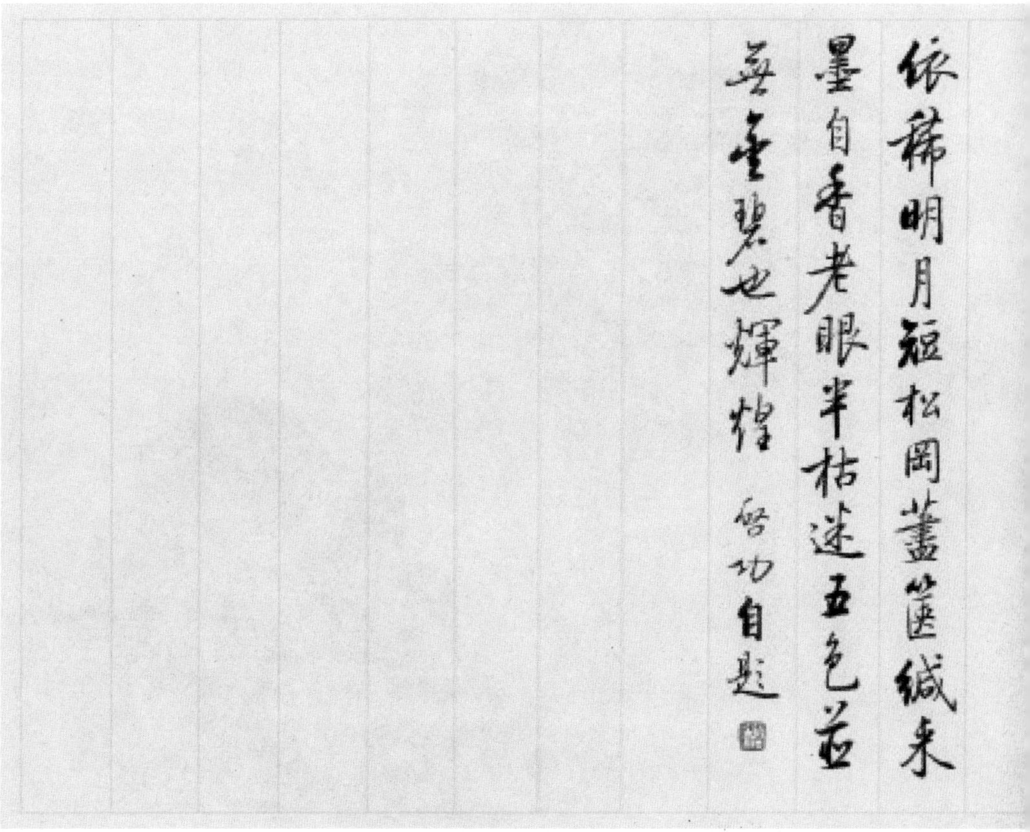
依稀明月短松岡叢篁織來
墨自香老眼半枯迷五色並
無金碧也輝煌
啓功自題

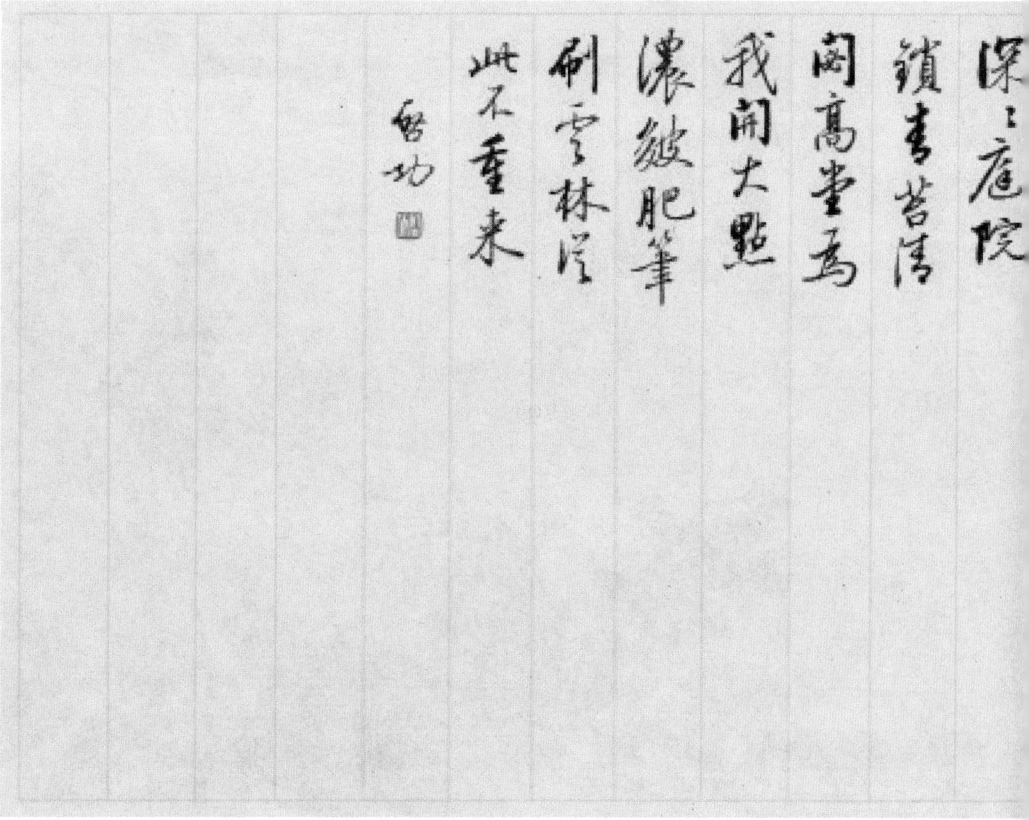
深深庭院
鎖青苔清
閟高堂為
我開大點
濃皴肥筆
刷雲林從
此不重來
啟功

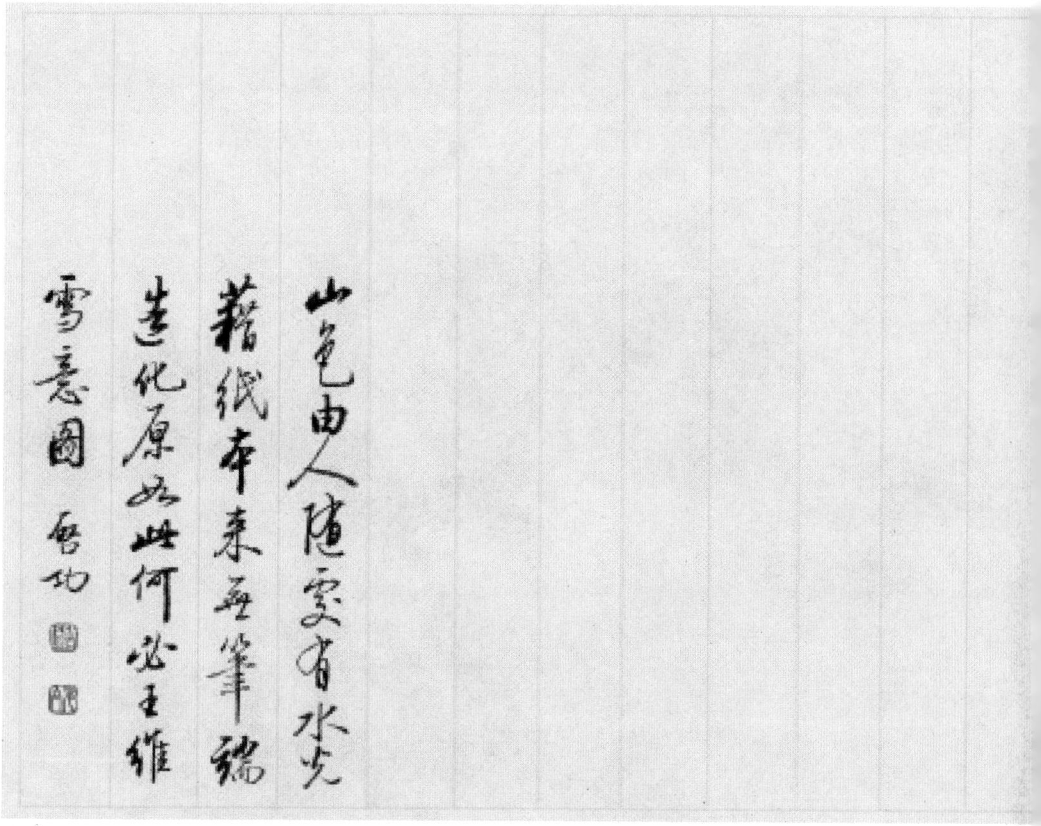
山色由人随处有水光
藉纸本来无笔端
造化原如此何必王维
雪意图 启功

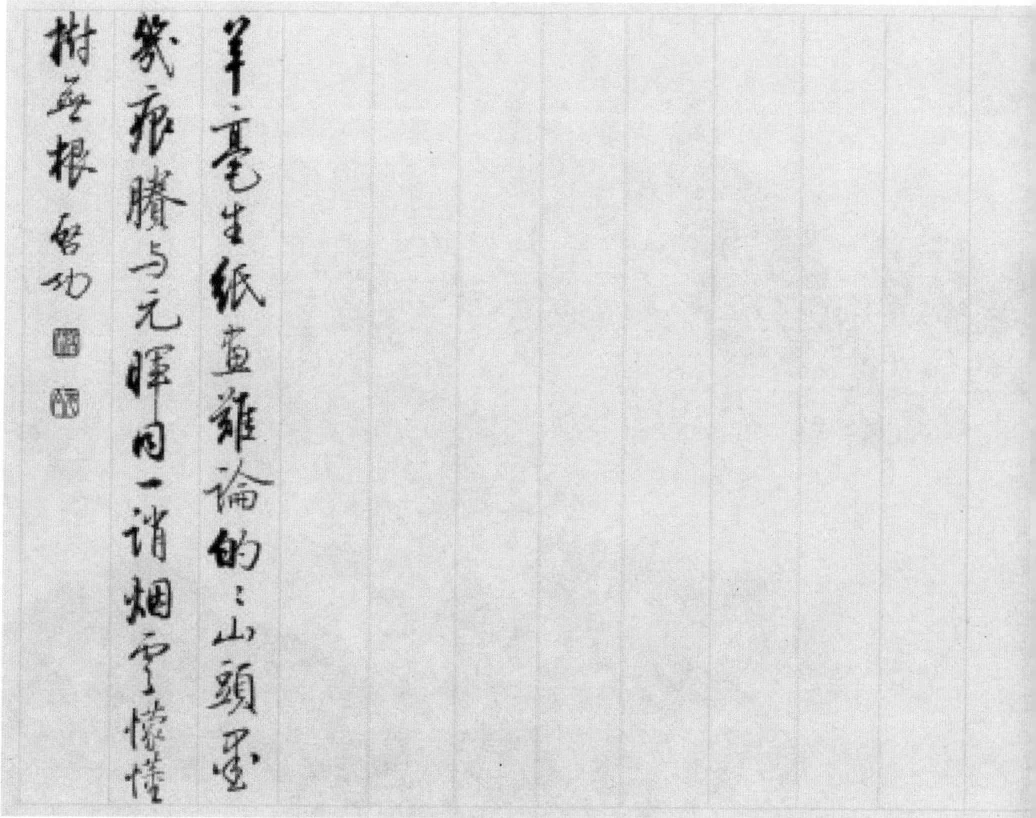
羊毫生纸画难论，的的山头墨气痕。
賸与元晖同一诮，烟云懞懂树无根。
启功

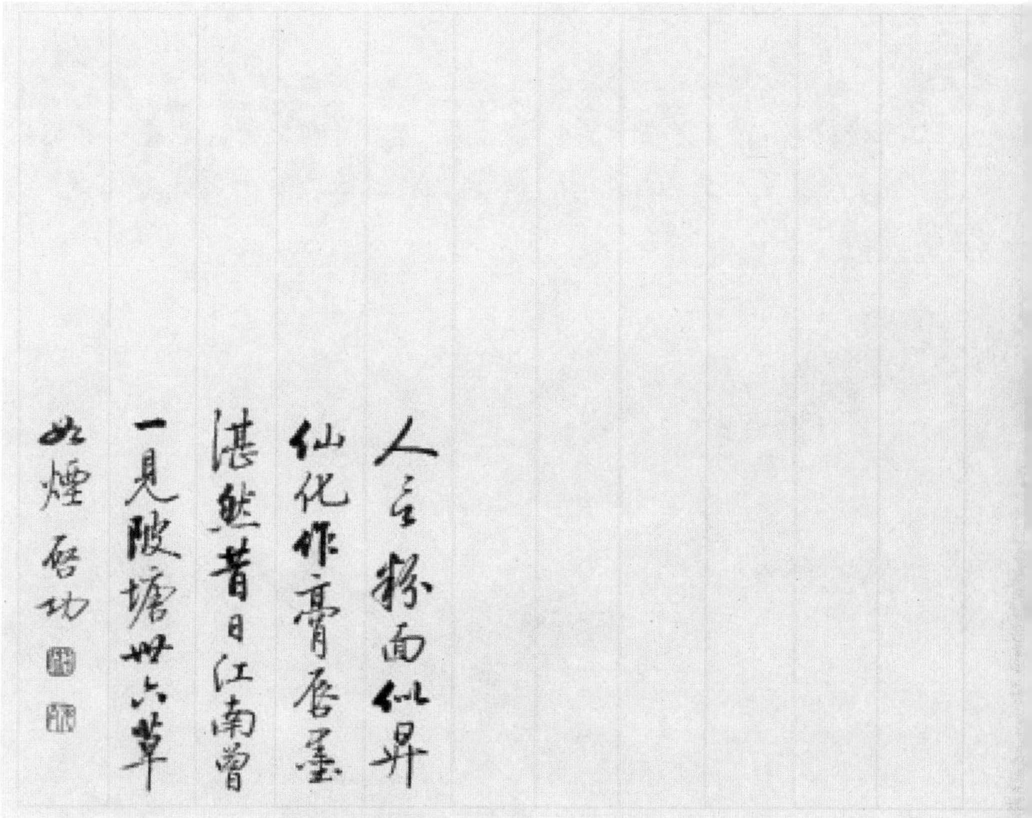

人人粉面似升
仙化作膏唇墨
湛然昔日江南曾
一見陂塘卅六草
如煙 啓功

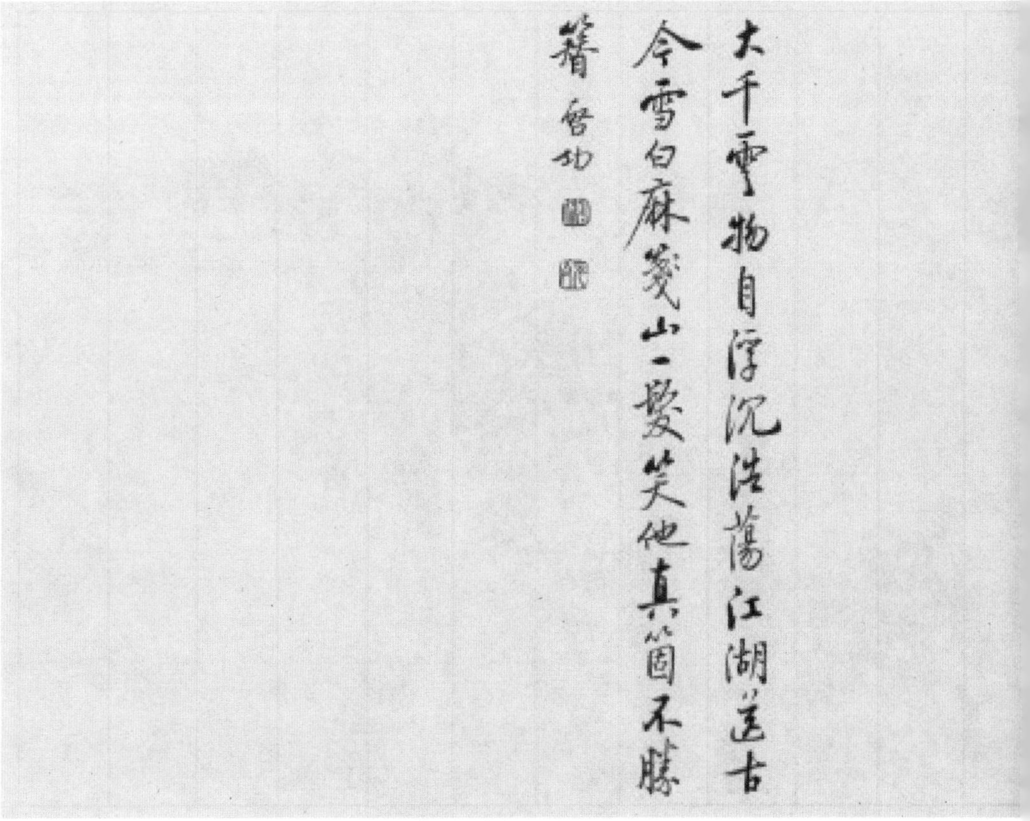
大千雲物自浮沉浩蕩江湖送古
今雪白麻箋山一髮笑他真箇不勝
簪 啓功

山川渾厚浮雲渾密柔桐若殊好
昏楊如夢梅花渾葦顆三生石上當
精魂　啟功

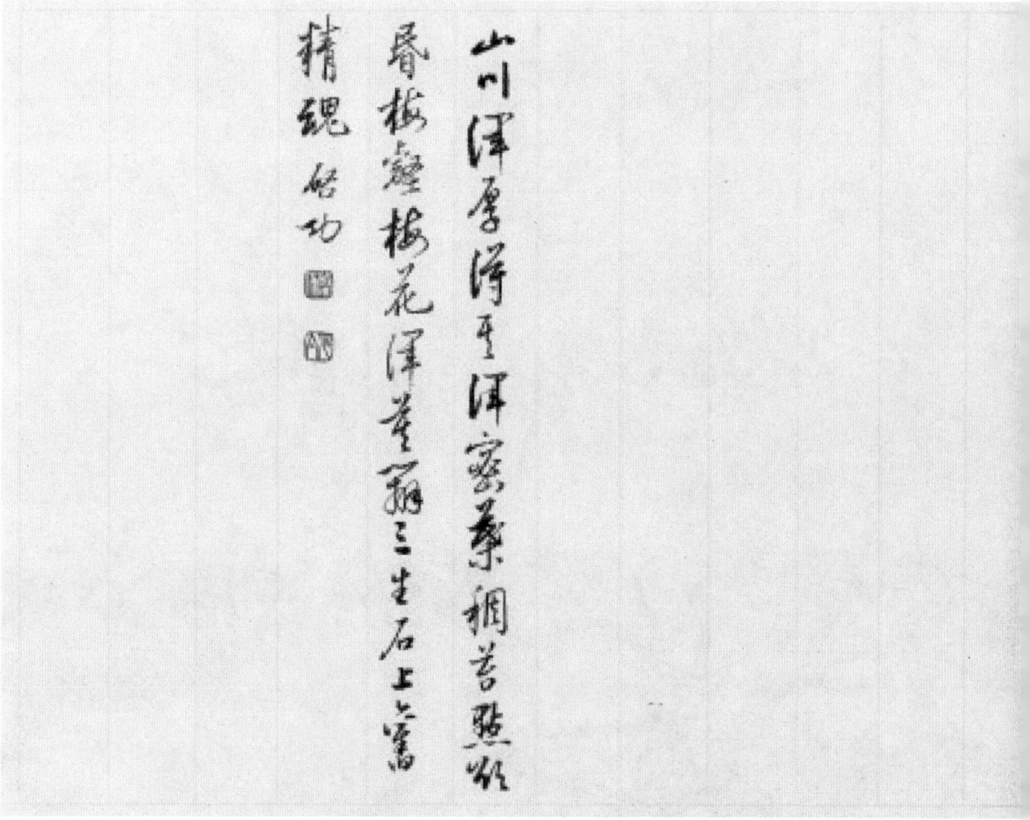

春氣寫蘭妙寫竹　元人

叢蘭葉嫩

竹枝長湯濤心似沾泥絮春思歸來

雨來忘　啟功

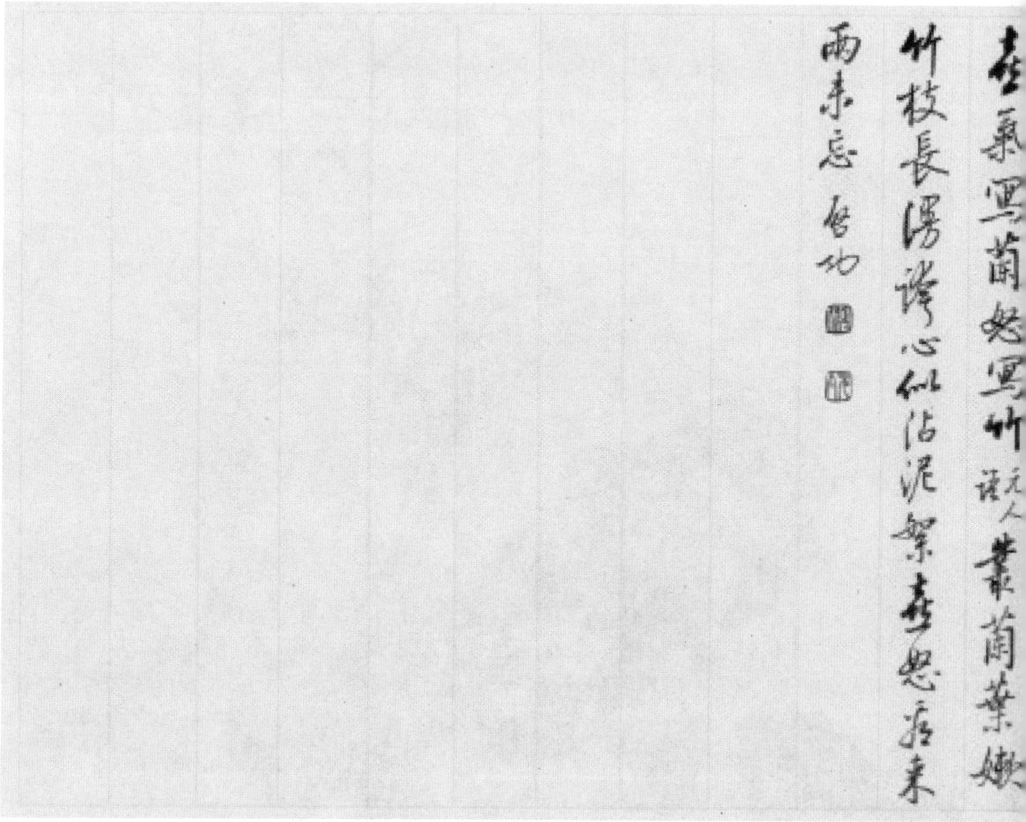

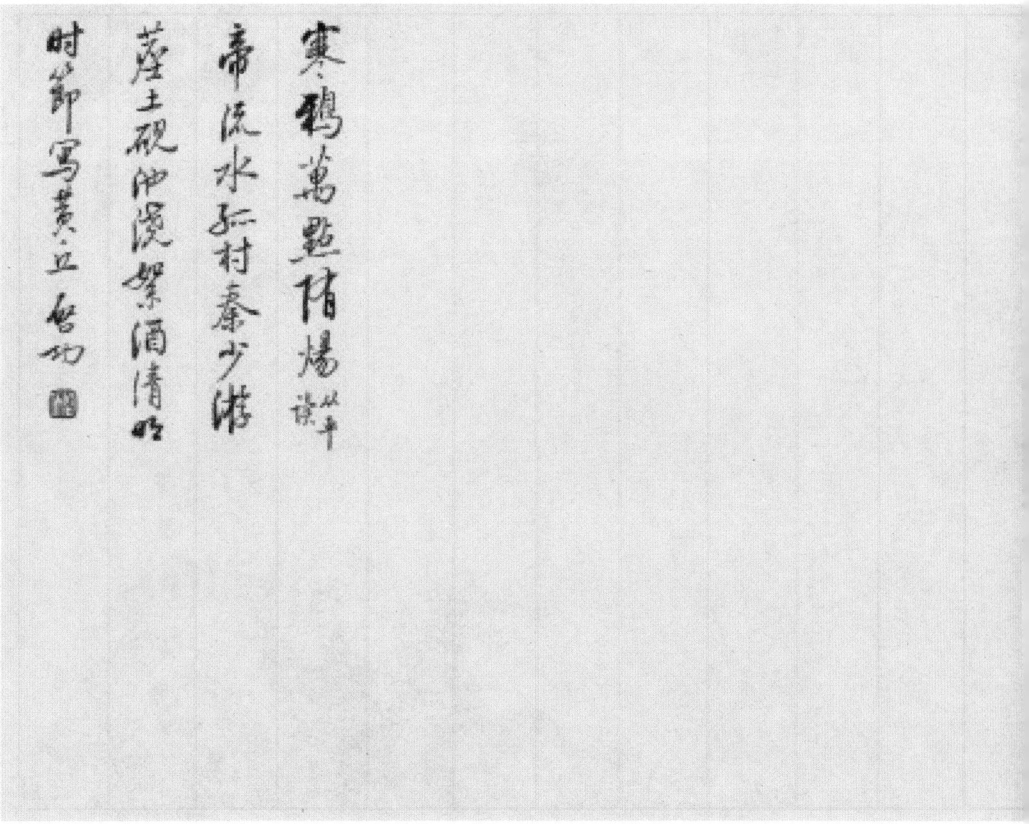
寒鸦万点随炀
炀读从平
帝流水孤村秦少游
落土砚池浇蟹酒清明
时节写黄〃立 启功

册页

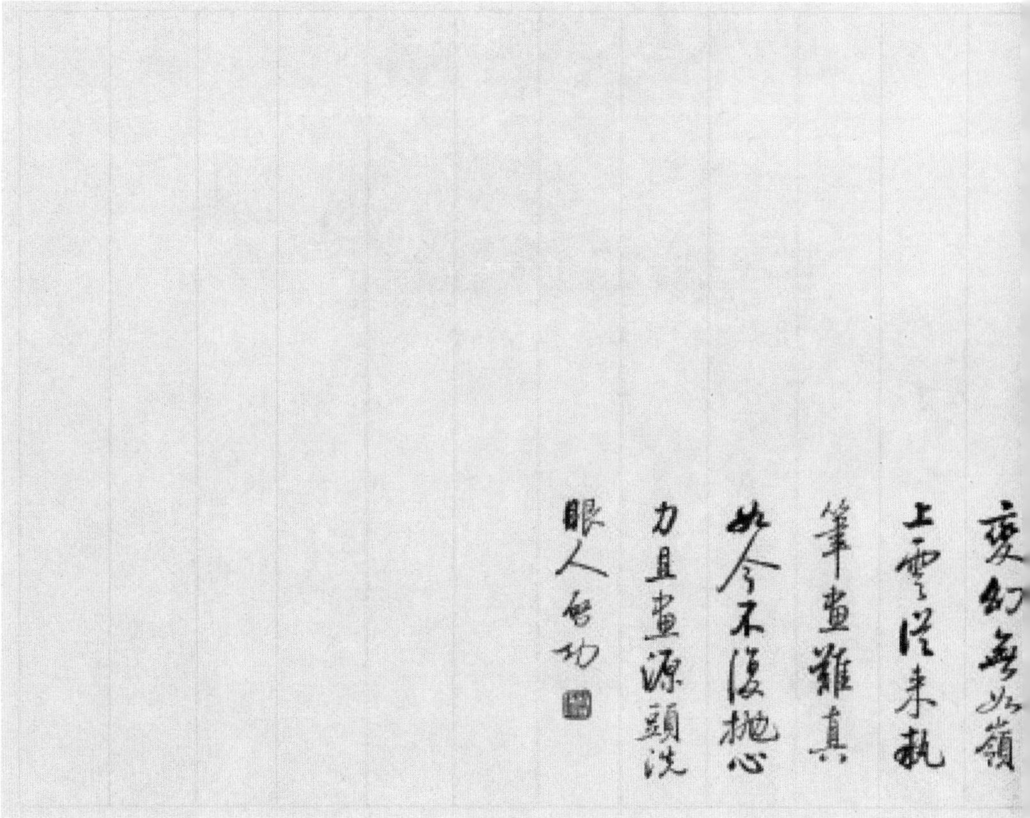
變幻無如嶺
上雲從來執
筆畫難真
如今不復施心
力且畫源頭洗
眼人 啟功

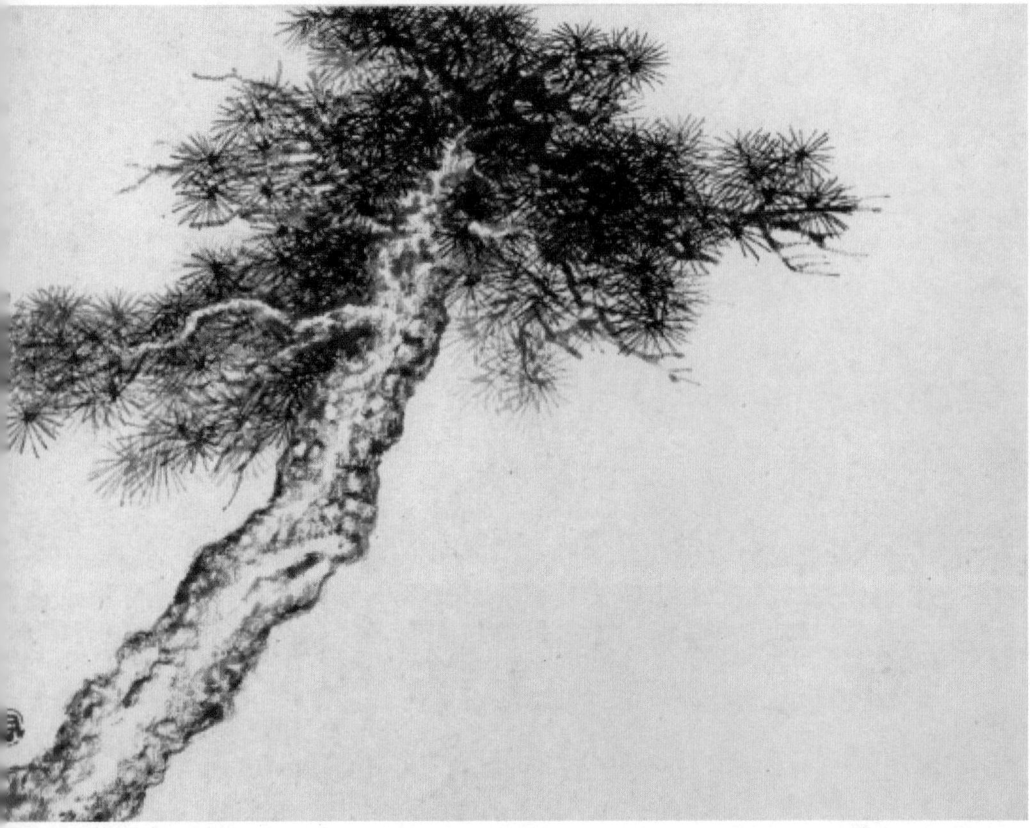

大夫一別幾千

畫彷彿鬚鬢

尚有神占得人間

半盆景鱗皮毛

俯首成媿 启功 [印]

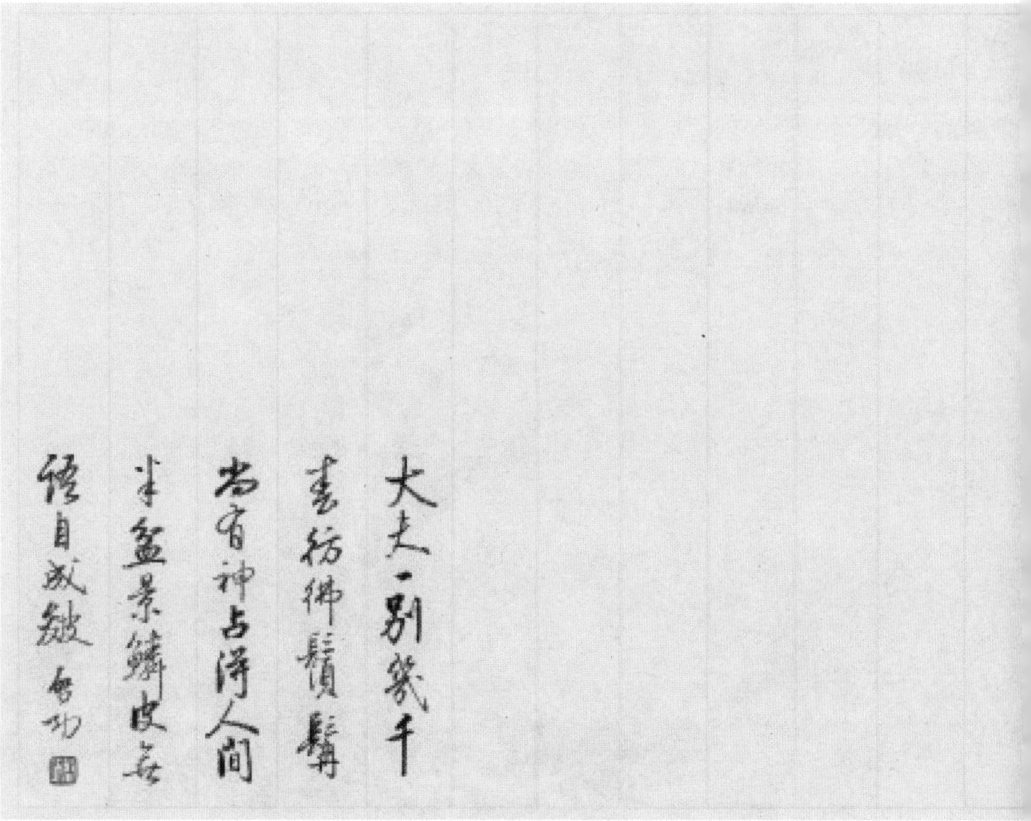

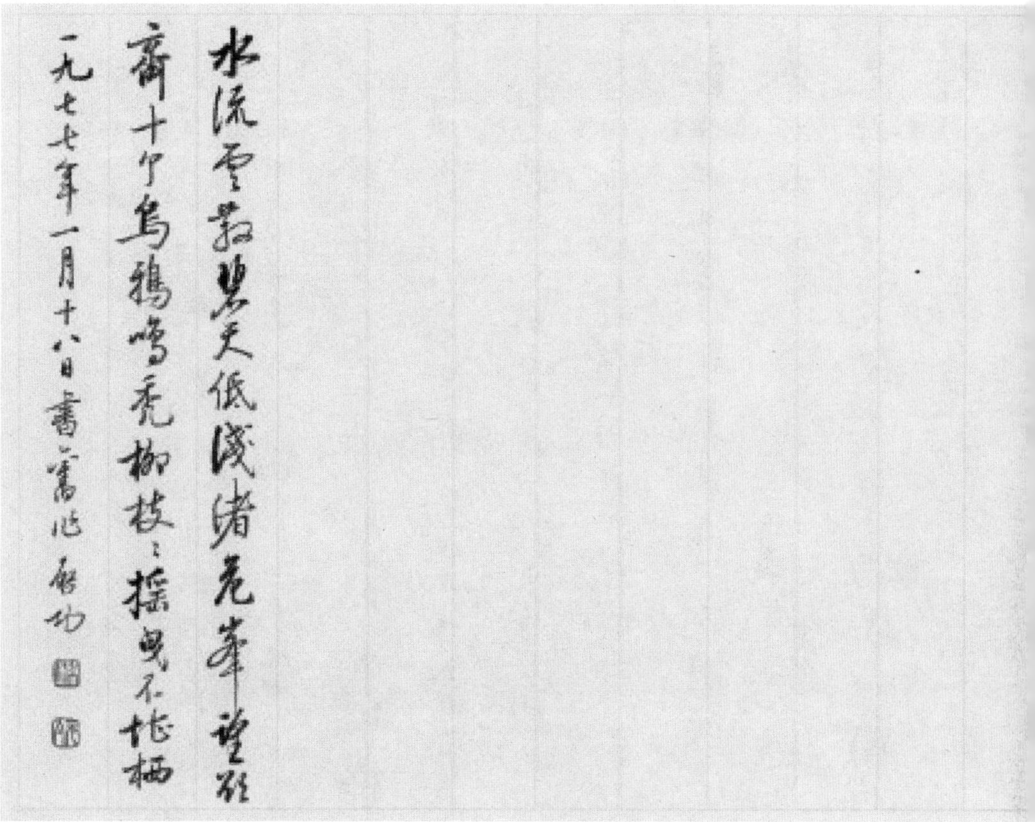
一九七七年一月十八日
啓功

痛心篇

先妻諱寶琛姓章佳氏長功二
歲年二十三与功结褵一九七一年患
病黄疸一九七四年冬復病纏綿
百日終於不起時為一九七五年夏
歷花朝前夕是為誕生第六十
六年初逾六十四周歲也

结婚四十年從来無吵鬧白頭老
夫妻相愛如年少
先母撫孫兒備歷辛与苦曾聞与
婦言似我親生女

我飯美且精，你衣縫又補，我攢錢
買書，你甘心吃苦。
今日你先死，此事壞亦好，免得我死
時把你急壞了。
枯骨八寶山，孤魂小乘巷。你再待
兩年，咱們一處葬。
强地松激素，居然救命星。肝炎
黄胆病，起死得回生。
愁苦詩常易，歡愉語莫工。老妻
真病愈，高唱樂無窮。
以上一九七一年秋作。病起
曾共情讀，時且哭且笑。

老妻病榻苦呻吟寸截回腸粉碎
心四十二年輕易過如今始解惜分
陰　一九七五年一月其病已見危篤
為我親縫緞襖新尚嫌絲絮不
周身備他小殮衣箱裏驚見衷
衣補綻勻
病牀盼得表姑來執手叮嚀託幾
回為我殷勤勸元白教他不要太
悲哀
君今撒手一身輕剩我拖泥帶水
行不管靈魂有無有此心終不負

空林鰥魚豈愛常開眼爲怕深宵
出睡鄉
孫死猶聞正首丘孫身垂老付
飄流花〻何地尋先壟枯骨荒原
到處投
婦病已經難保氣弱如絲微息
執我手腕低言把你折騰瘦了
把你折騰瘦了看你實在可憐快
去好〻休息又願在我身邊
只有肉心一顆每日尖刀碎割難逢
司命天神懇求我死他活

自言我病難好，痛苦已都嘗飽。
又聞囈語昏沉，阿瑪剛纔來到。（滿人稱父曰阿瑪）
明知囈語無憑，亦願先人有靈。
但使天天夢囈，豈非死者猶生。
爹爹久已長眠，姐姐今又千古。
未知我骨成灰，能否共斯抔土。（先胞姑諱恒季，不嫁，与先母同撫功成立。卒葬八寶山公墓，先妻骨灰即瘞其穴旁。功自幼呼姑曰爹爹，北京人舊時叔父曰爹爹）

一九七七年十一月十八日子夜錄稿

啓功時居北京西直門小乘巷

元伯山水册　雪斋题

元伯山水册

册页　10开　每开11cm×7cm

二十世纪五十年代作　设色纸本　个人收藏

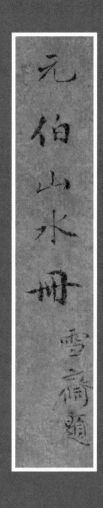

四十年前之筆[illegible]痕如今生書
眼又看過[illegible]問無限深衷
事方寸靈山多自吟
公元二千年十月日情翁啟功
重觀題時年八十有八

山水册页

山水册页

册页　8开　每开20.5cm×6.5cm

早期作品　设色纸本　个人收藏

山居图　元白写

擬趙善長法
元白居士啓功

遠浦歸帆
元白寫

仿石田筆
元白居士

春江夕照
元白写

擬元人筆意
啓功

萬峯雲起
師方方壺
天白

积翠园藏花卉山水册之一

积翠园藏花卉山水册之一

册页　　7开　每开35cm × 45cm

一九七七年作　水墨纸本　积翠园博物馆收藏

古樹空庭得少陵詩也

近之宗人雪山大幅偽款花寬

至樹枝似此不惡去歲點筆竟

頗肯之 一九七七年畫 一九七八年八月記

啓功借榻於翠花胡同客館

枝横却月观
名句也恨拙笔
不能传其神
一九七八年八月廿五日
陈英同志指教
启功

十月江南未陨霜青枫
欲赤碧梧黄停桡坐对
西山晚新雁题诗小篆行
云林句 启功书

一九七九年六月赴翱访问归来　过翠苍胡同访
陈英同志　出启功老爱援爲此十数帧见示　亲手精
裱姝皆精品也是帧特大尤为罕见因乘兴补数叶字
诗些功画面授正之
　　　　放于亦谔

165

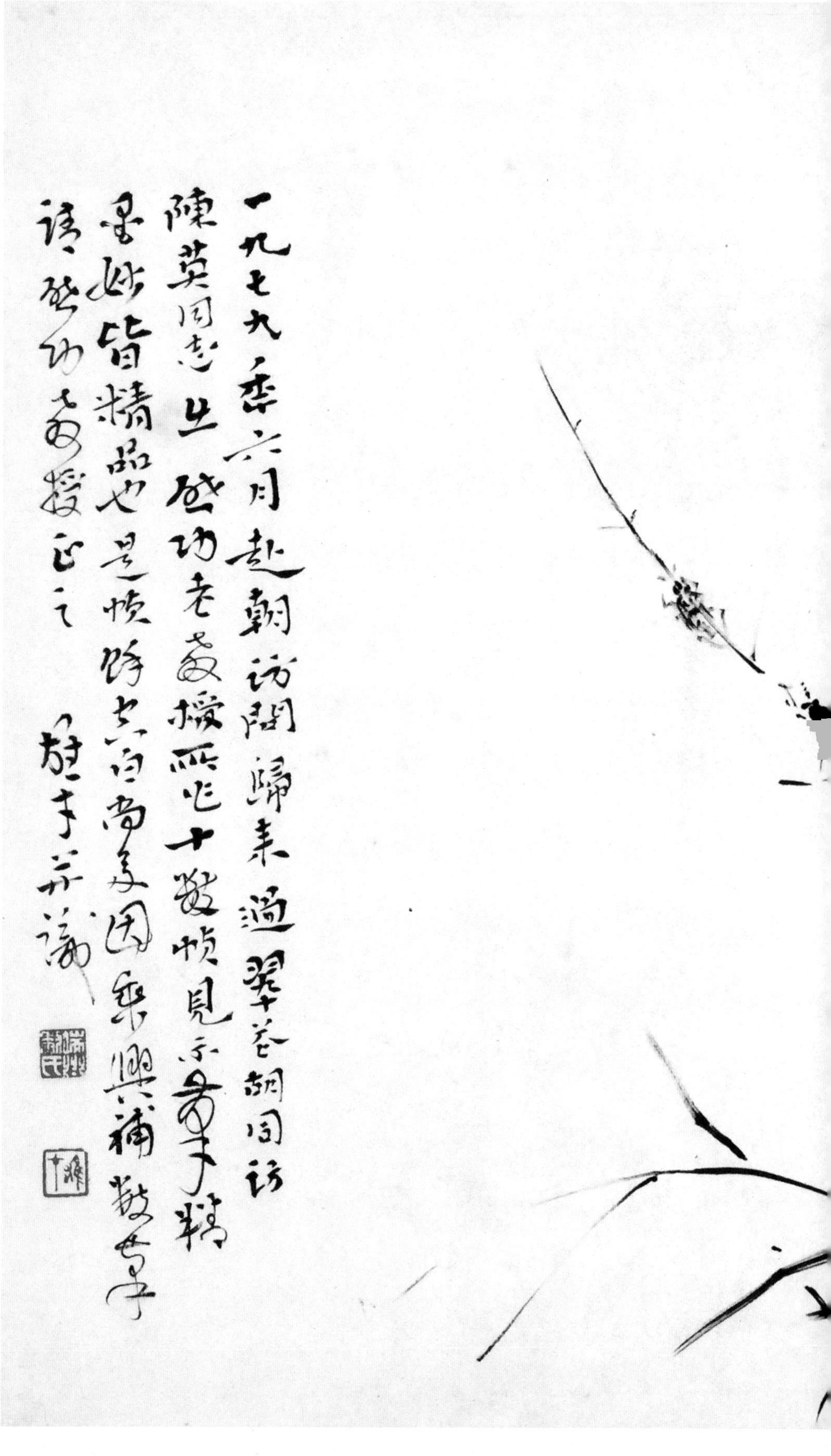

三竿两竿之竹庾子山小園中物即时移尋纸上戊午秋後酷熱得雨庭竹怒生随意寫影

启功

蘭蕙輕鬆
石隙玲瓏
武夷山下昔日
相逢写來
陈英同志印可 功

积翠园藏花卉山水册之二

积翠园藏花卉山水册之二

册页　　　　　　　　8开　每开34cm×45cm
一九七八年作　水墨纸本　积翠园博物馆藏

山水照人迷向背
只寻孤塔认西东
写坡公诗
戊午秋
启功

英满地
想见渊明烂醉时
戊午秋日 戏笔 启功

启功戲墨

宿雨初收晓
烟未泮此图
似之陆非米家
山而懵懂矣
也 功记

陳英同志昨以竹
枝見贈夕得大雨
根甦葉茂按古歲
寒圖彷彿牆陰景
物 一九七六年八月 啟功

竹深留客处
启功

集斯精粹

册页 9开 每开30cm×39.5cm（4）36cm×46cm（5）

一九四五年作 设色纸本 个人收藏

僧屋此地安渔范我烹西胜眼而写保蔡诗辰

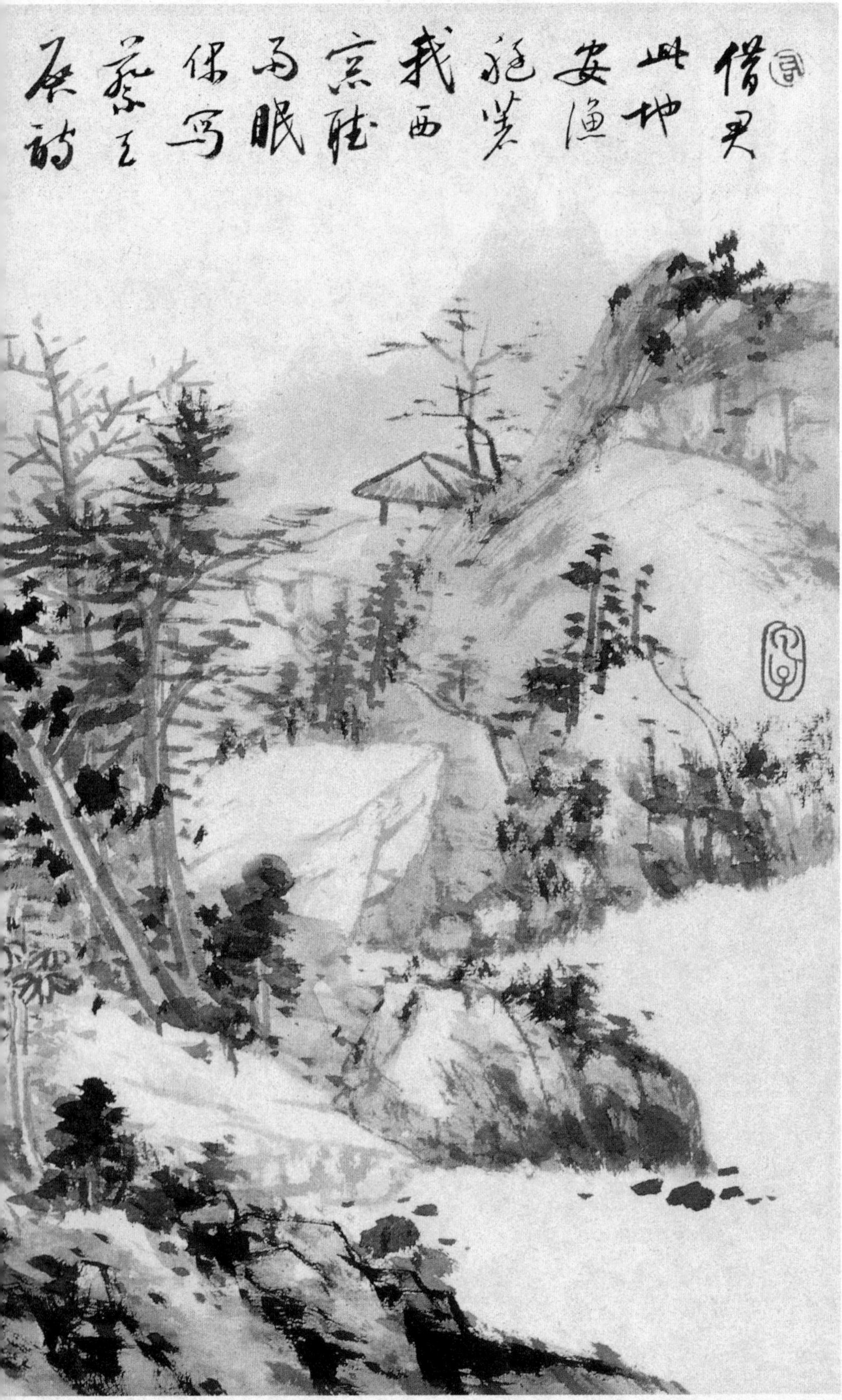

浅
于
坚
净
居

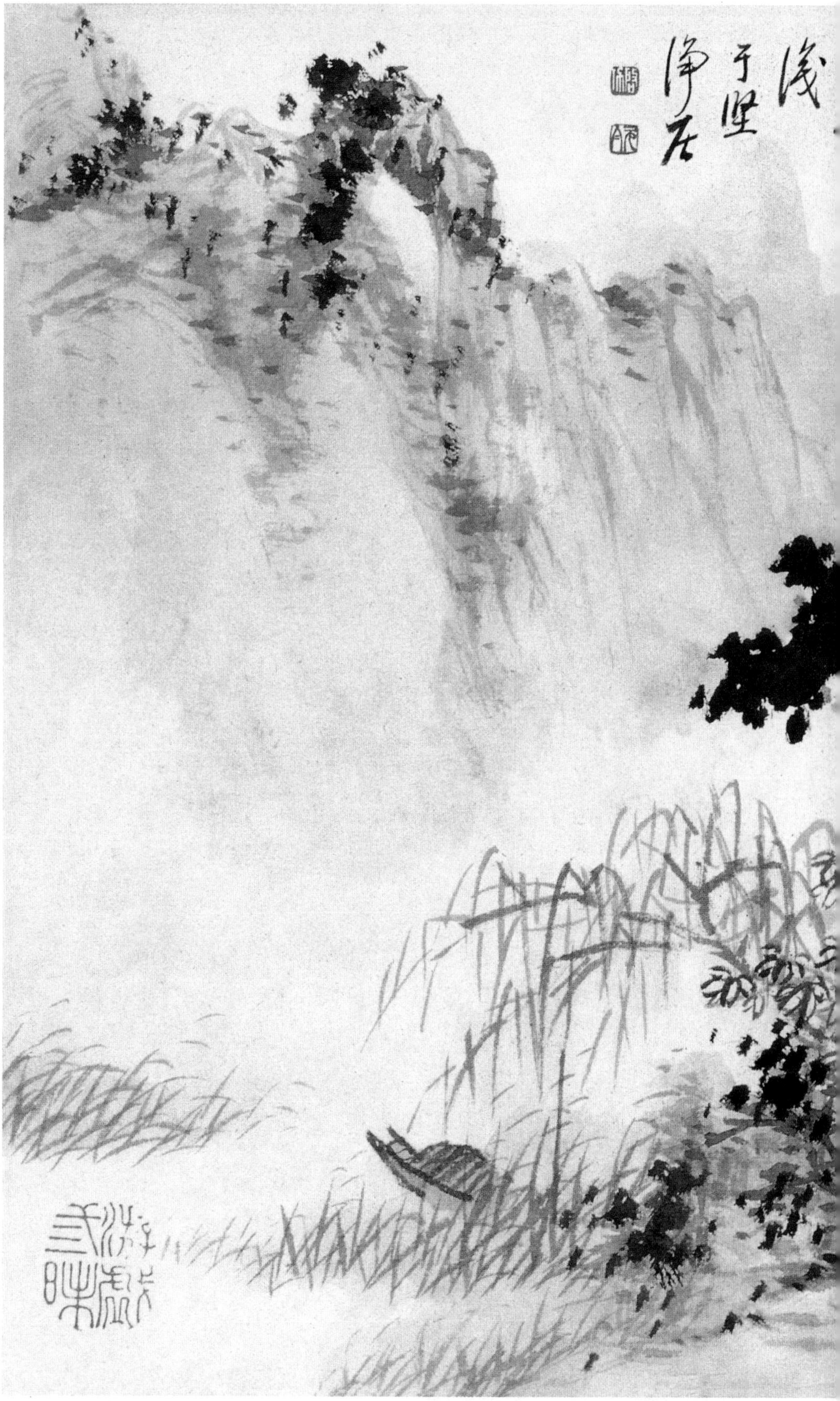

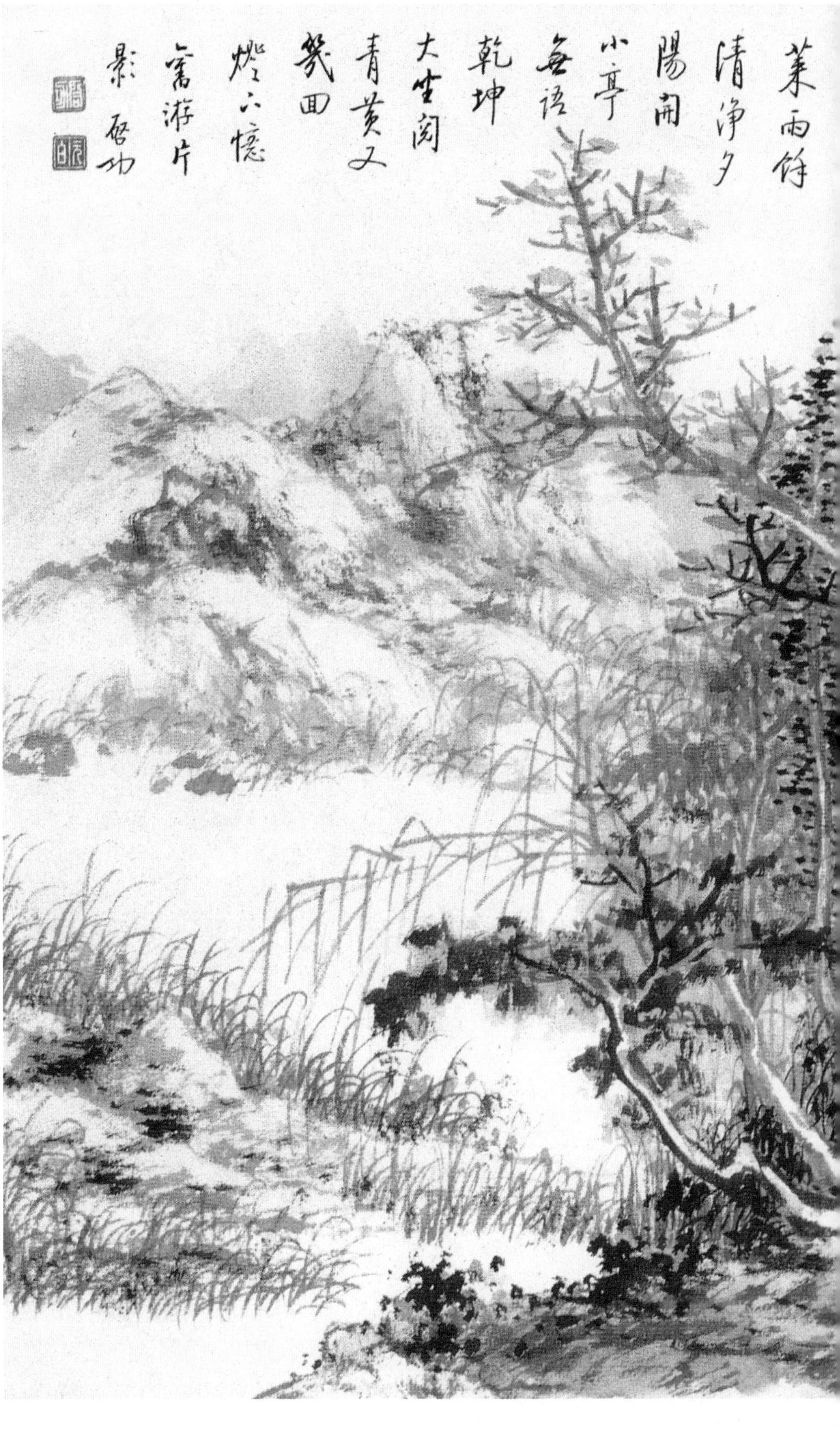
萊雨餘
清淨夕
陽開
小亭
無語
乾坤
大坐閱
青黃又
幾回
燈下憶
舊游片
影 啟功

185

册

页

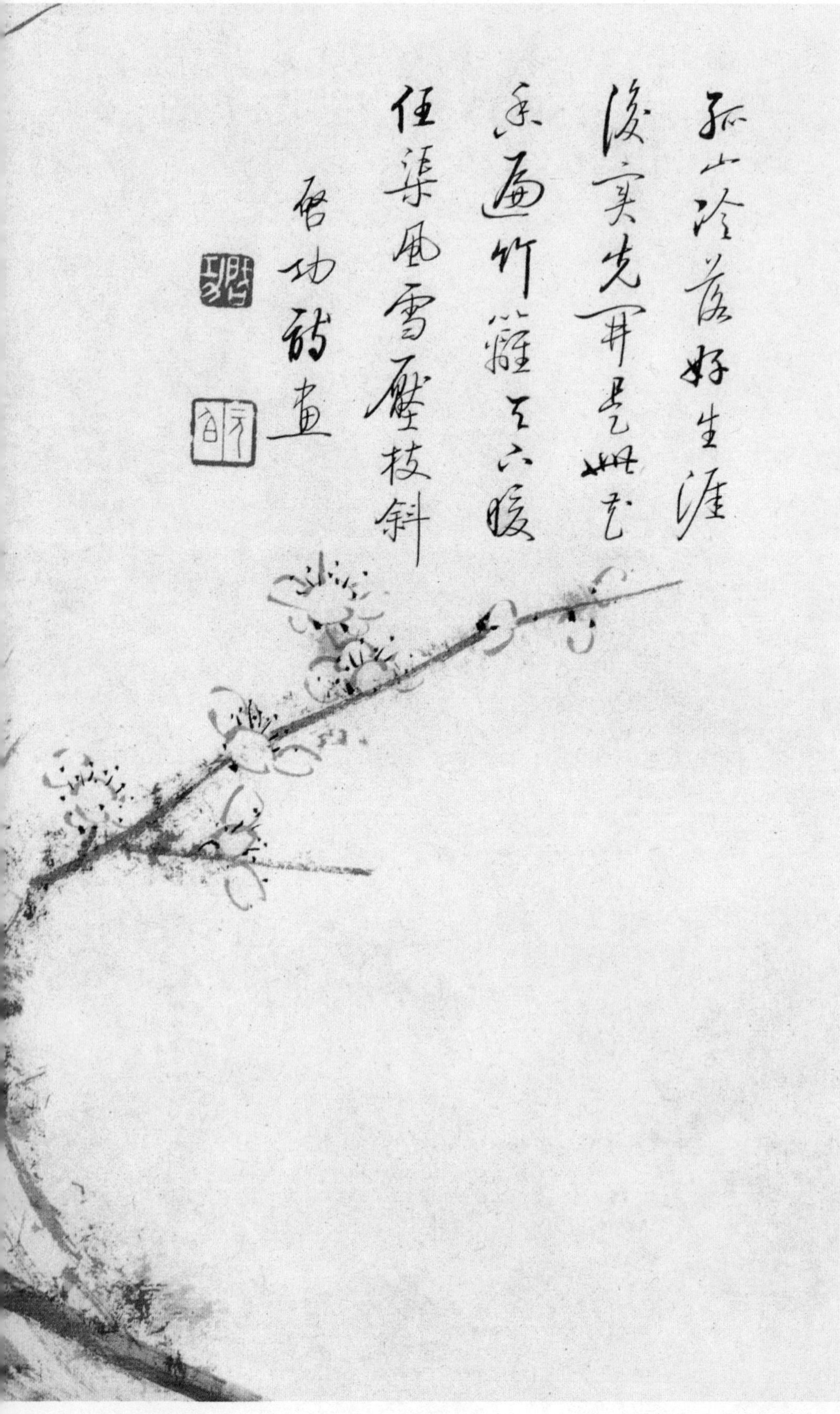
孤山冷落好生涯
後實先開是此花
未遇竹籬茅舍暖
任渠風雪壓枝斜
啓功詩畫

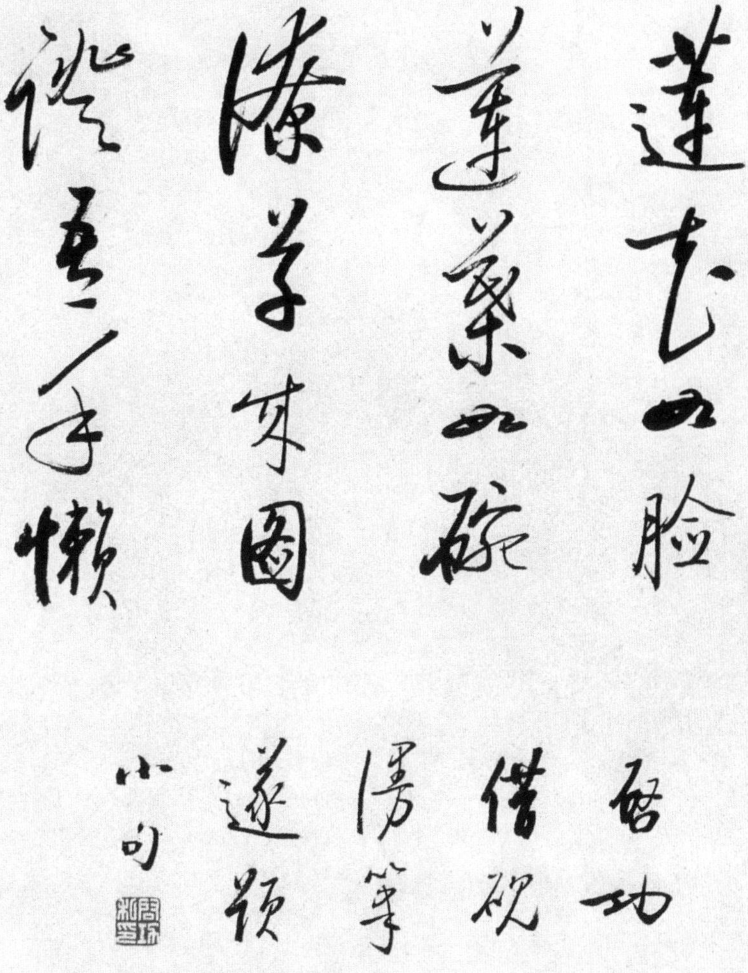
启功借砚偶笔遂题小句

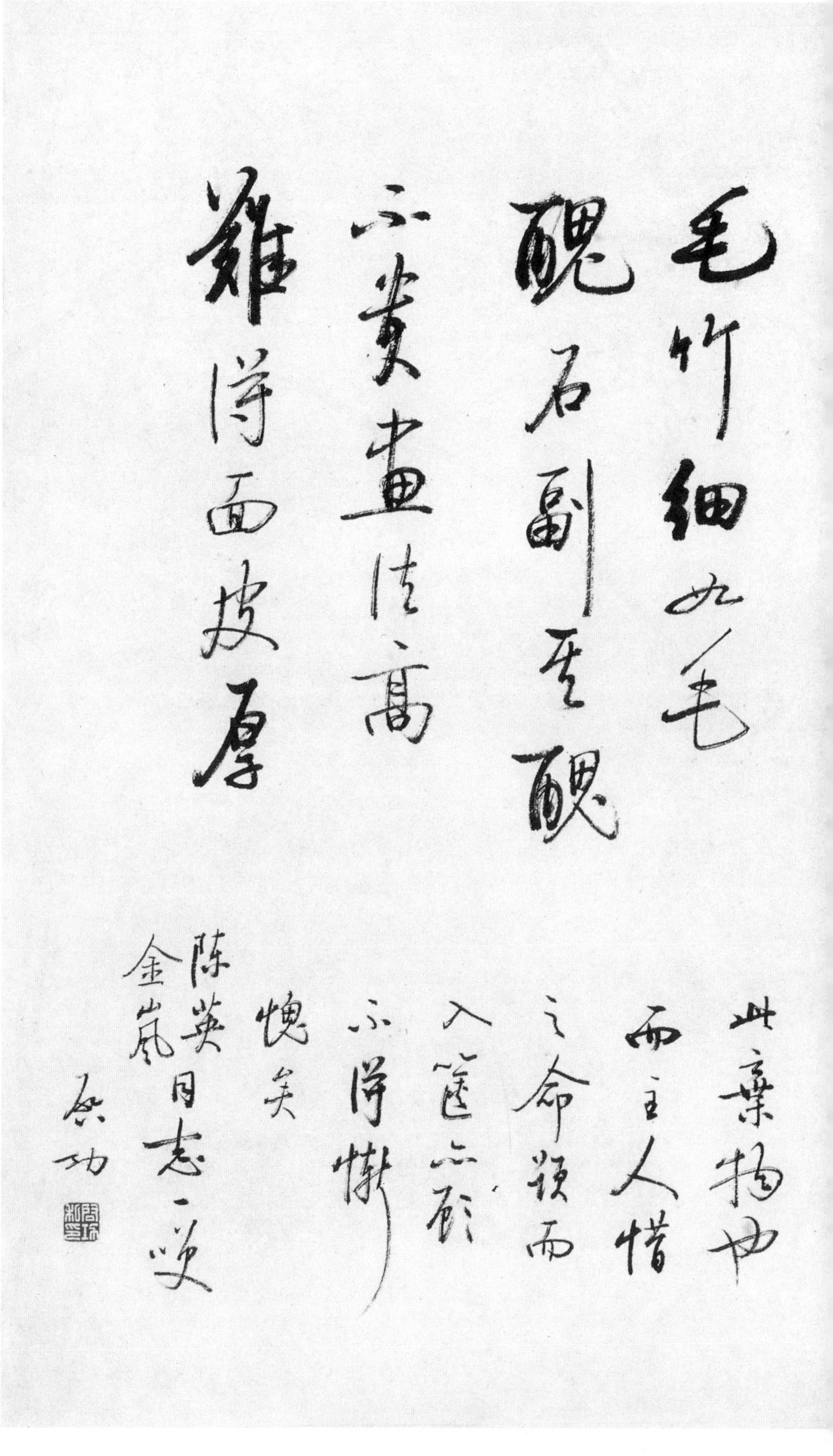
毛竹细如毛
砚石副至砚
不费画法高
难得面皮厚
此叶拙也
而主人惜
之命题而
入选亦能
不得惭
愧矣
陈英
金岚同志一哂
启功

花生米
菜半片
墨不濃
白吃飯

畫後戲筆

啟功

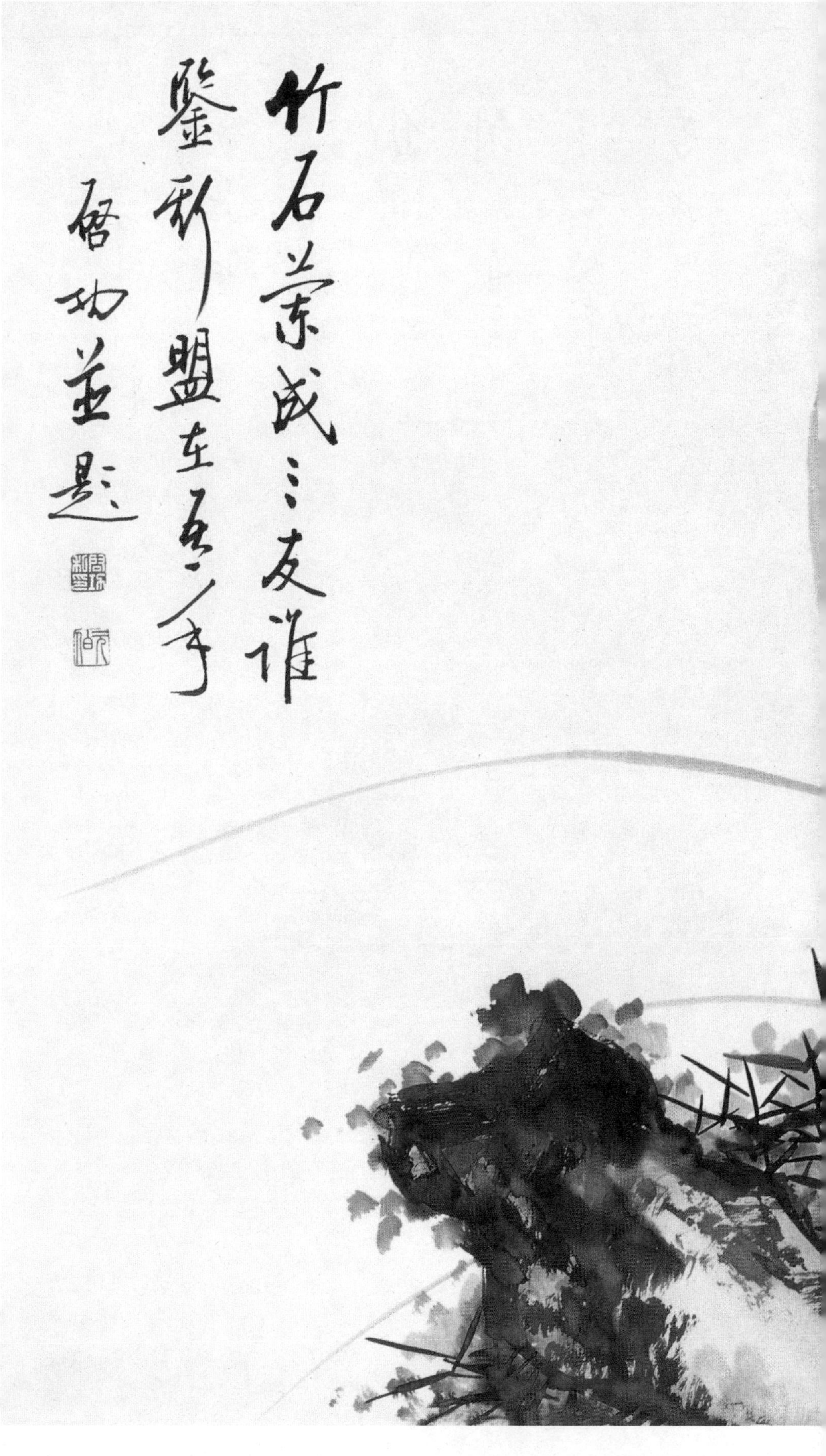
竹石叢成三友誰
鑒斯盟在吾手
啓功並題

暮年肝胆
失輪囷
不爲雞蟲
自損神
開卷有時
還技癢
居然四箇
大山人

山人出要對曰即是半箇八大山人友哂曰顏之厚矣 功

燕燕尾涎涎张公子时相见漢人误读涎音殿本或作涎涎误 又注

涎涎雙禽尾最奇如何误認作雛雞舞文弄墨先睜眼不辨雞禽莫亂題 此臨八大山人本而误雀為雞可謂見首不見尾也再題自訟 启功

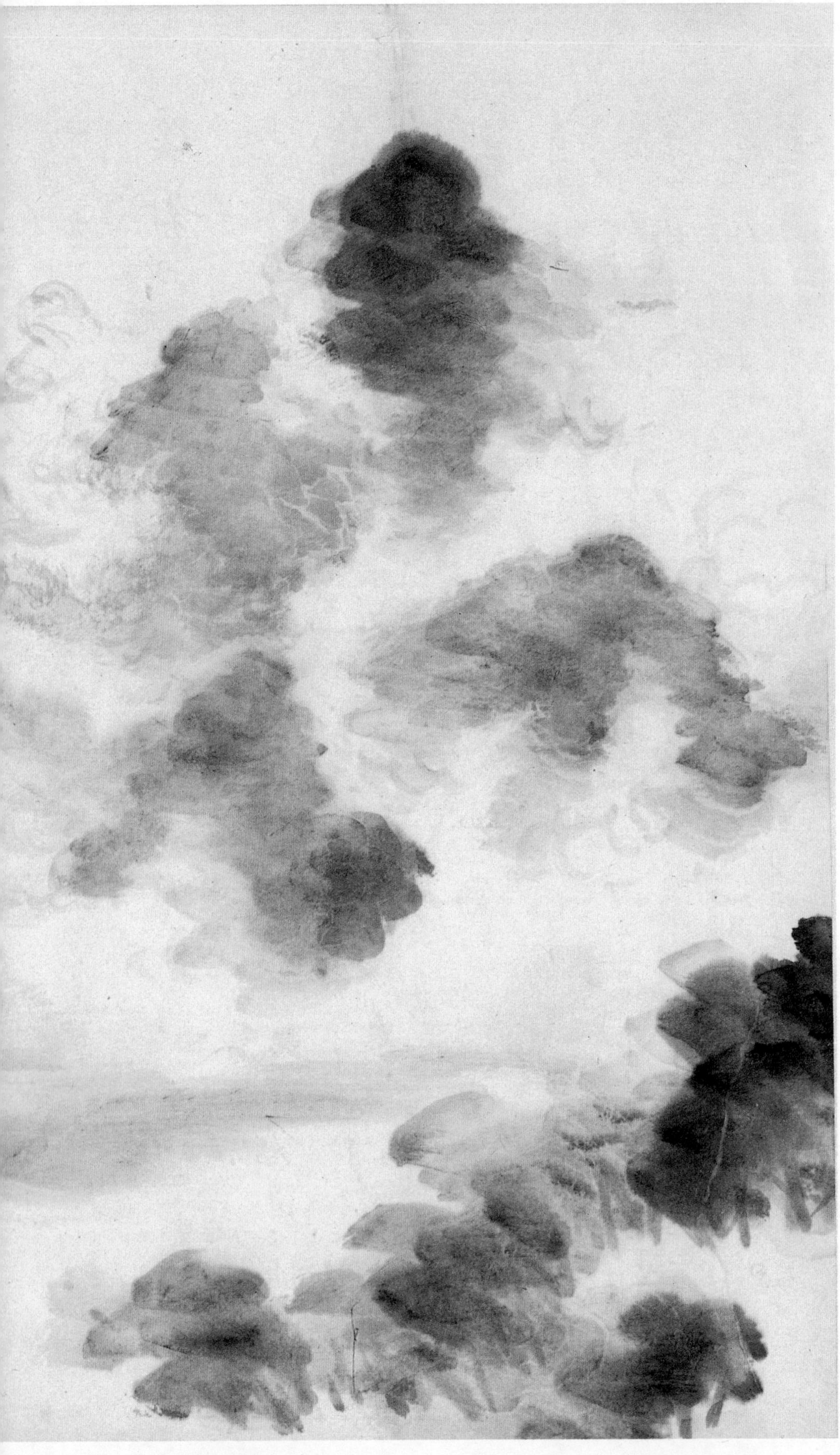

雲左以綠點峯
兼米家墨法
墨於陪偿嫂檐沈潤
沙礫路吞虹
滉氼昔已雉
謹甲元白不竟之
仿李菴乃補漆左

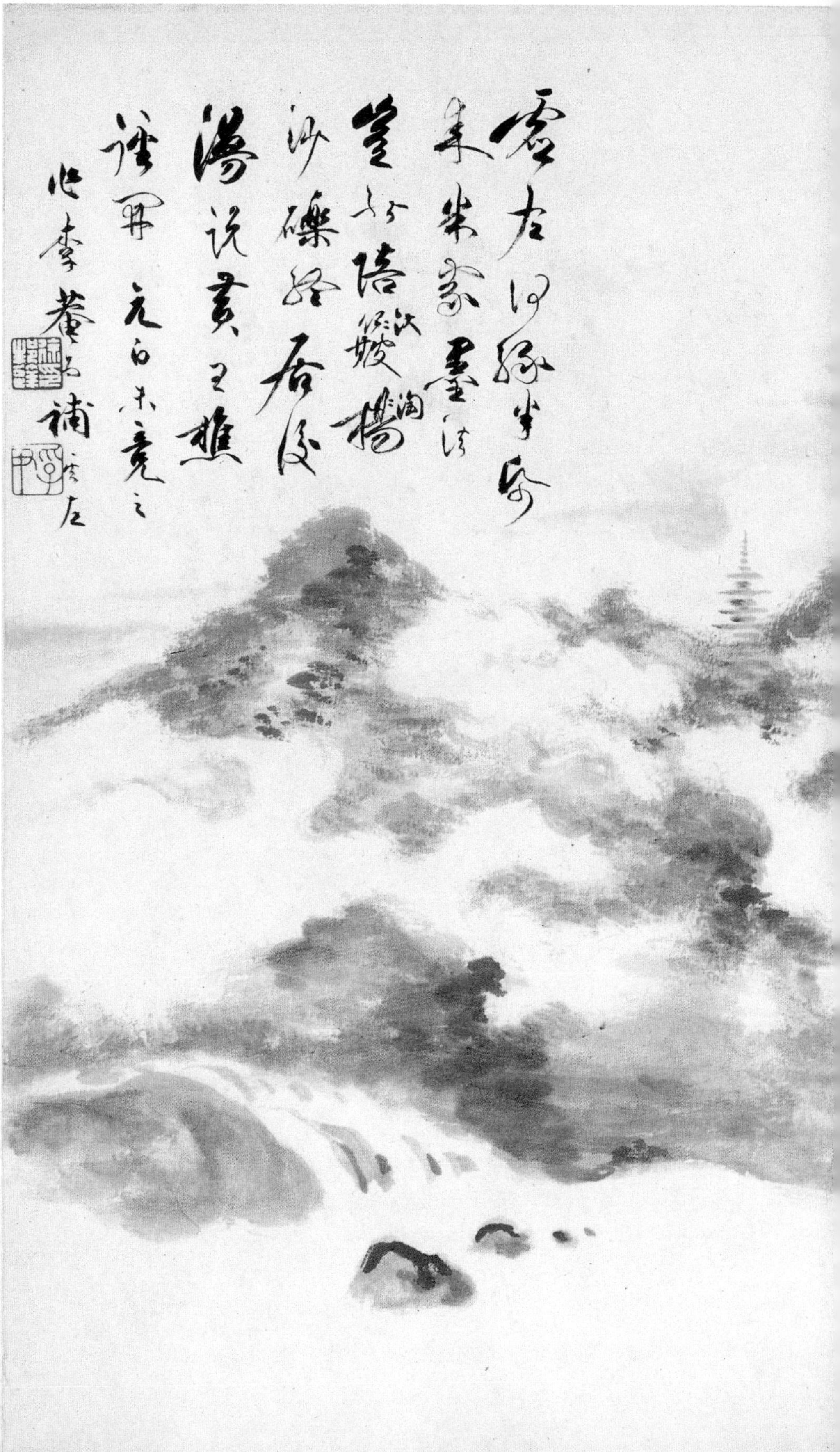

赠黄贵权山水花卉册

赠黄贵权山水花卉册

册页　16开　　每开7.5cm×13cm
一九八八年作　设色纸本　个人收藏

垂露

黄鹤山人之法

吴玉保摹

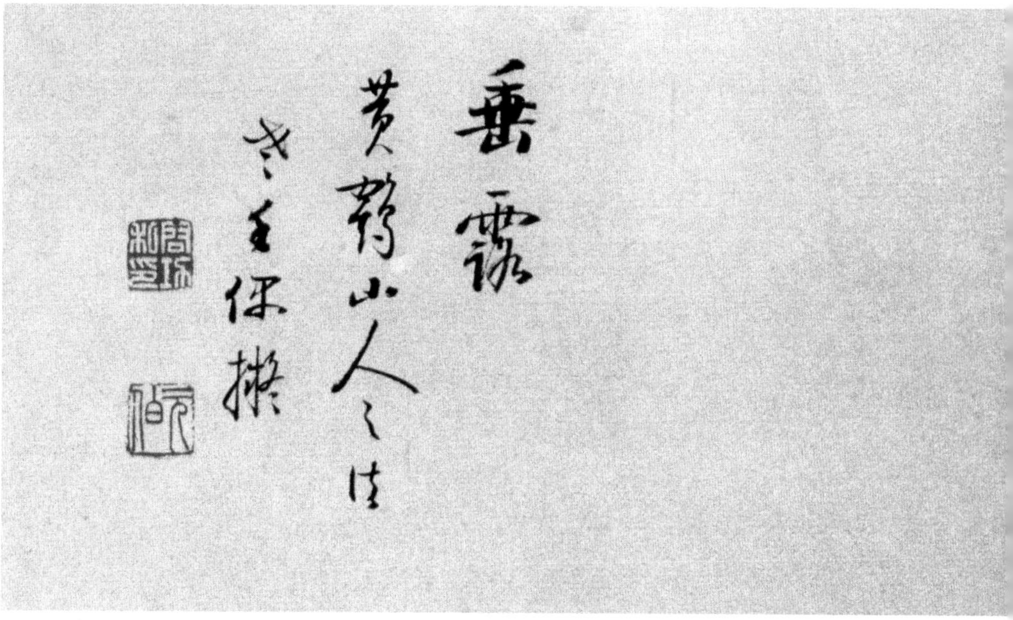

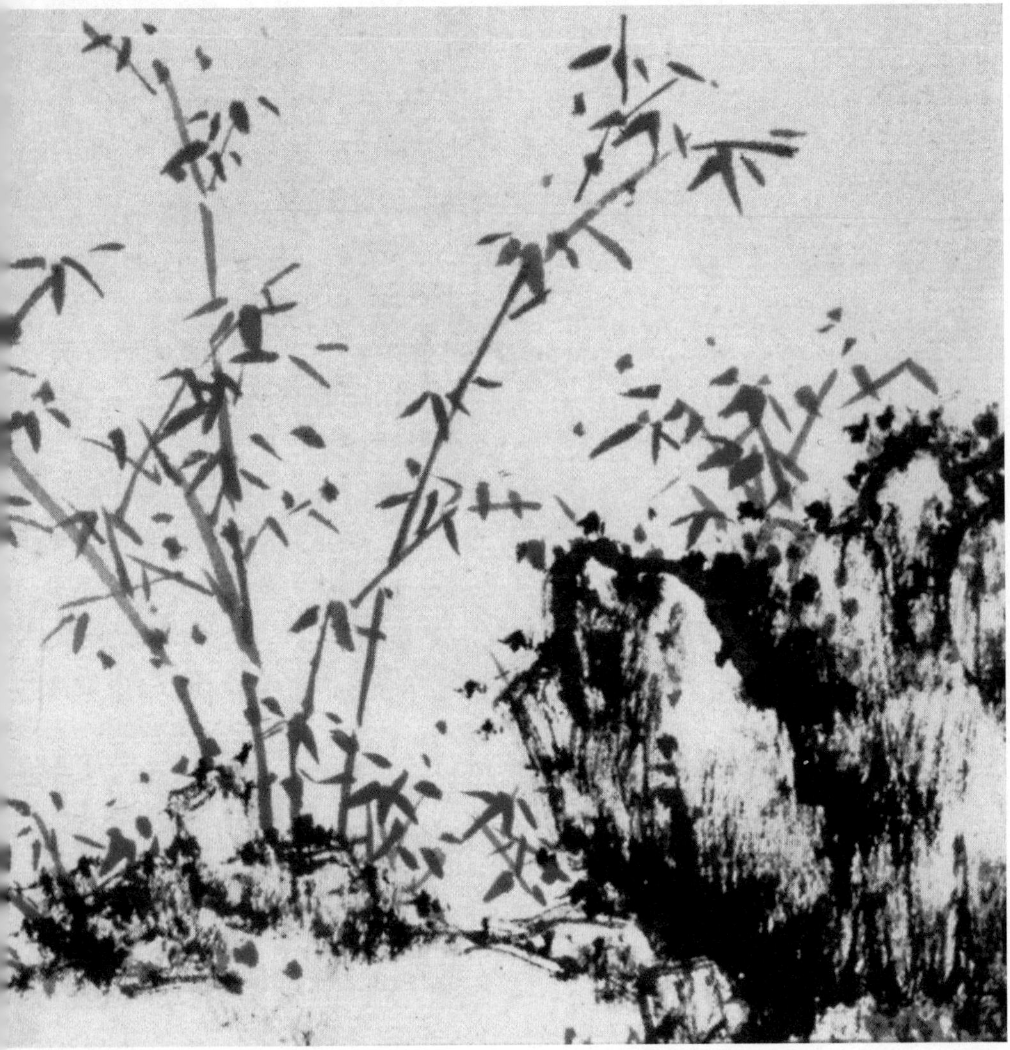

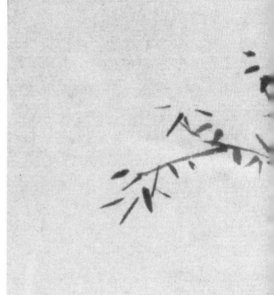

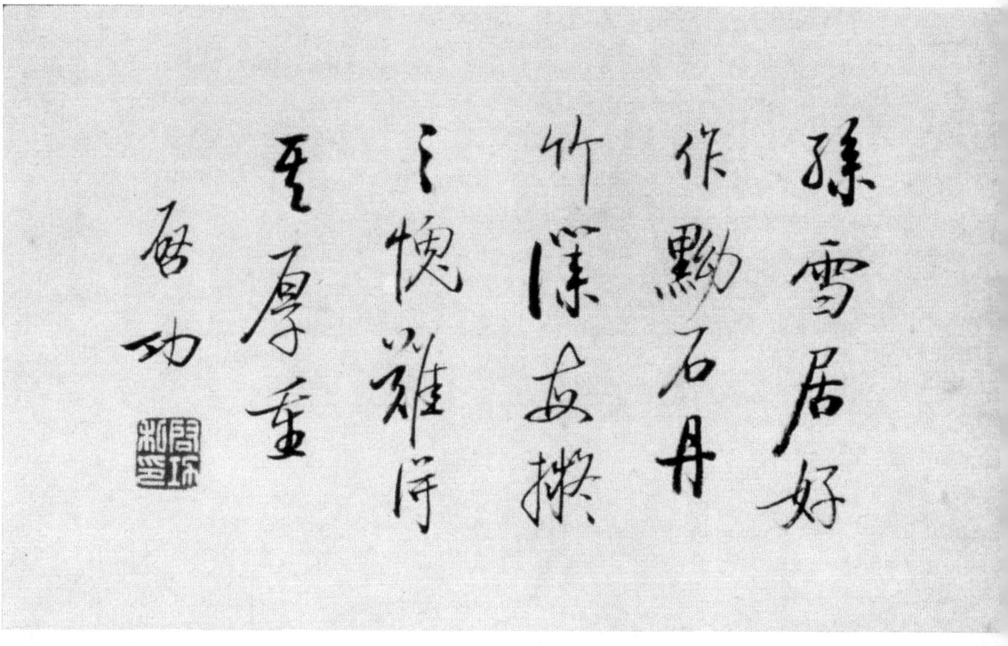
孫雪居好
作黝石丹
竹深安擬
之愧難得
至厚重
啟功

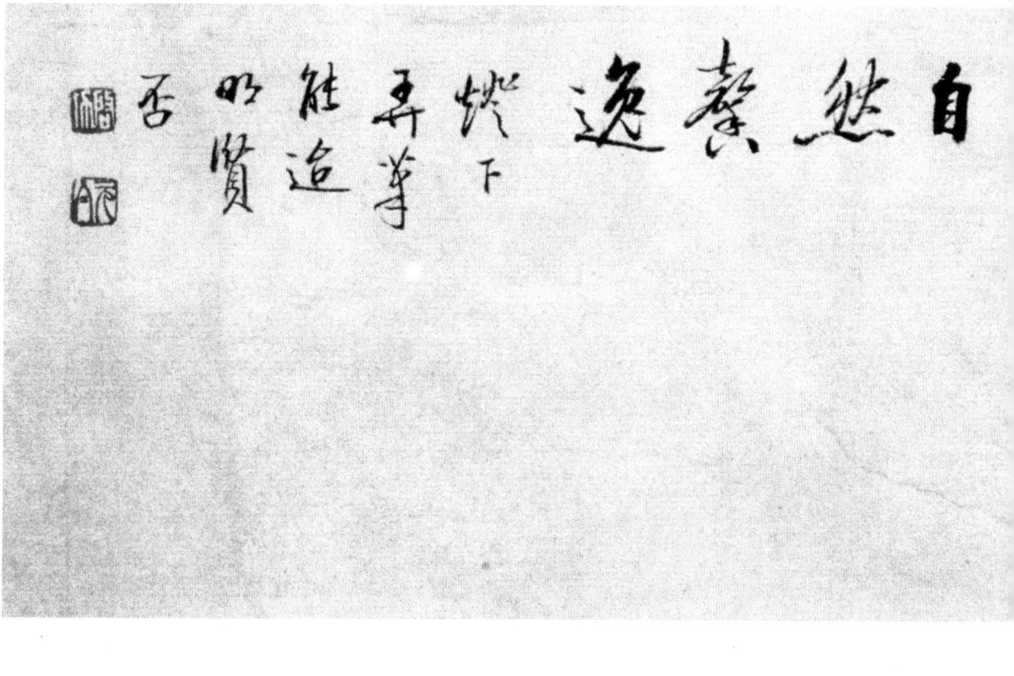
自然蕭逸
燈下弄筆能追明賢否

房山先之此本
使大癡殆將
舒語些得
暖翠
晴嵐

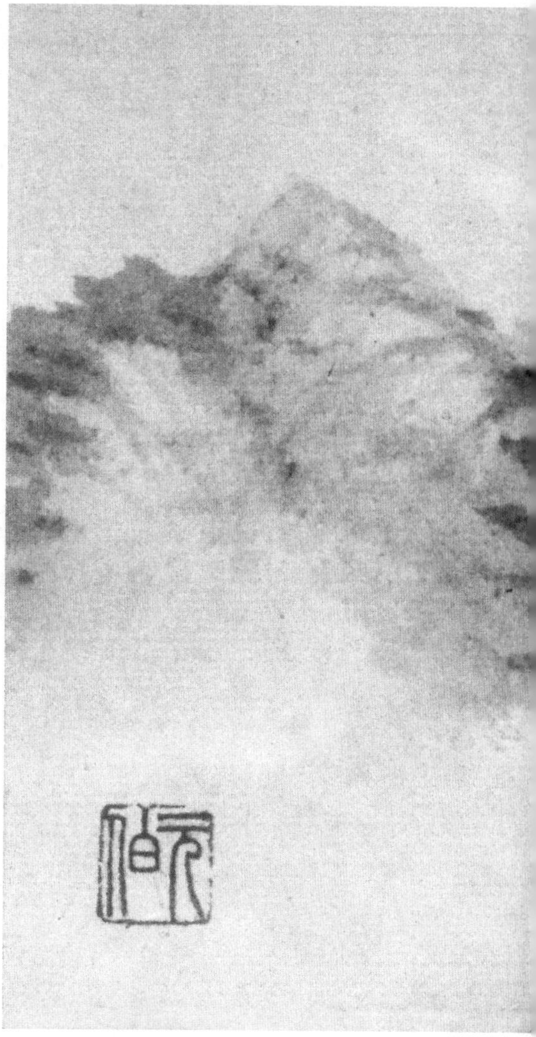

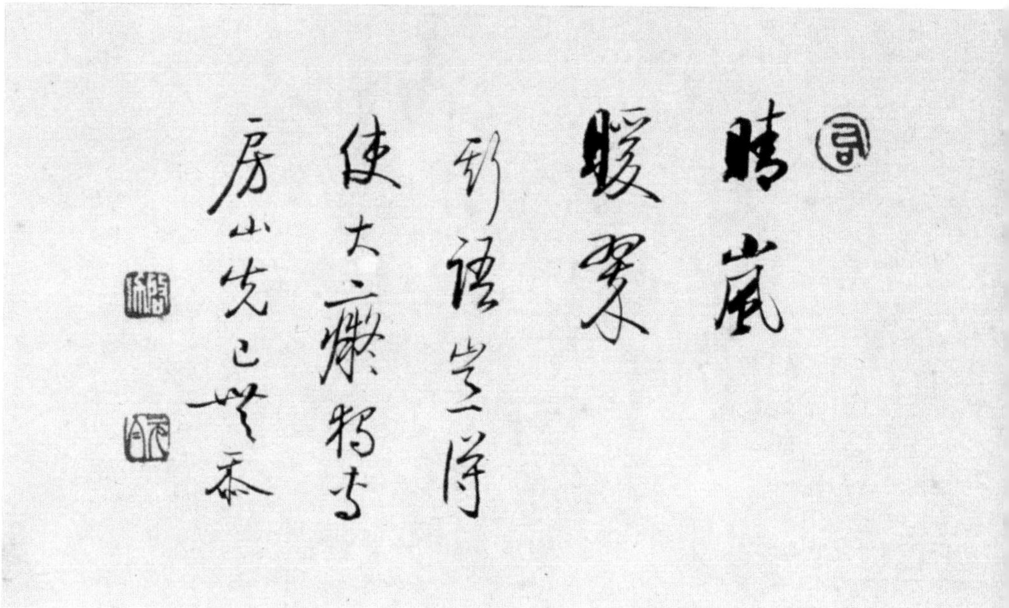

累观点画高生
延冬至神妙
雯只是师生
竹于益无仰
秘 元白

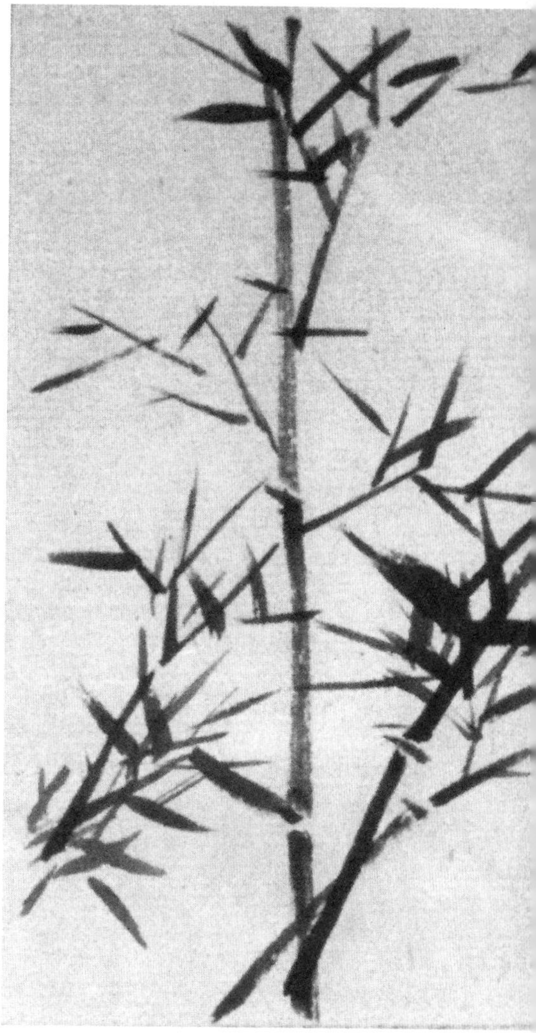

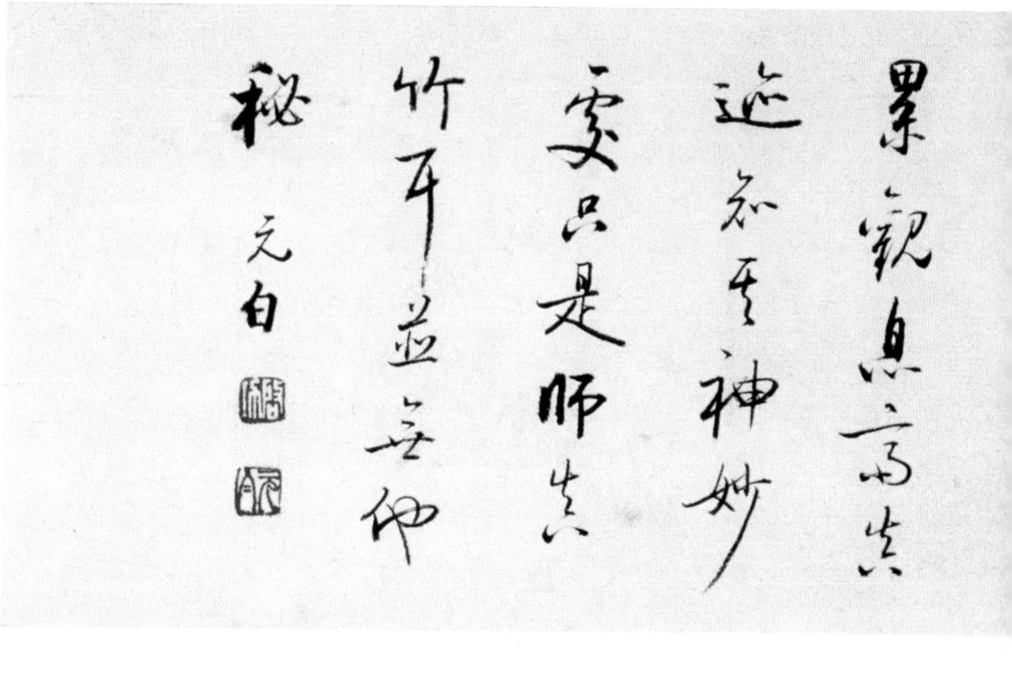

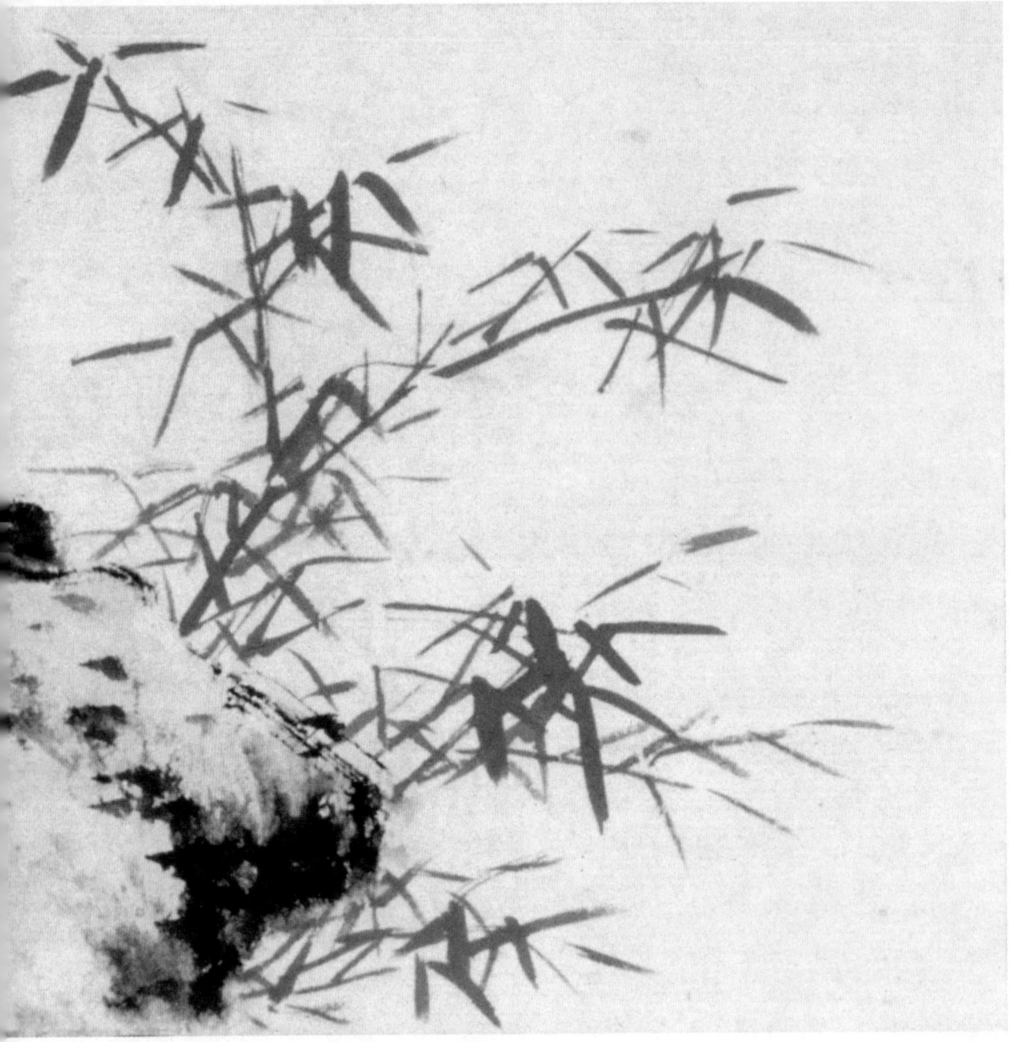

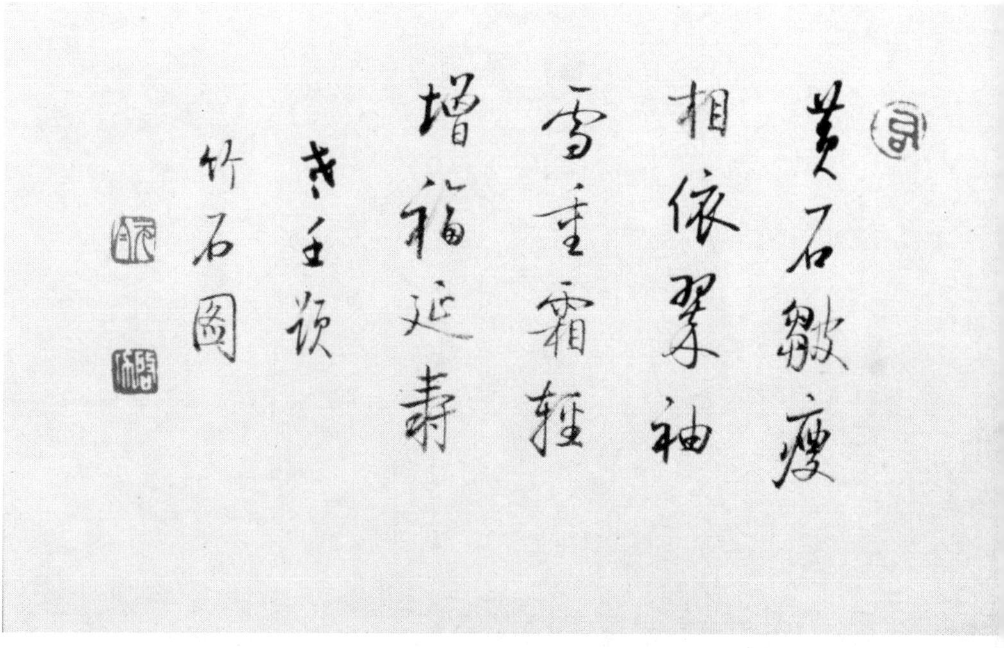
黄石皴瘦
相依翠袖
雪重霜轻
增福延寿
竹石图

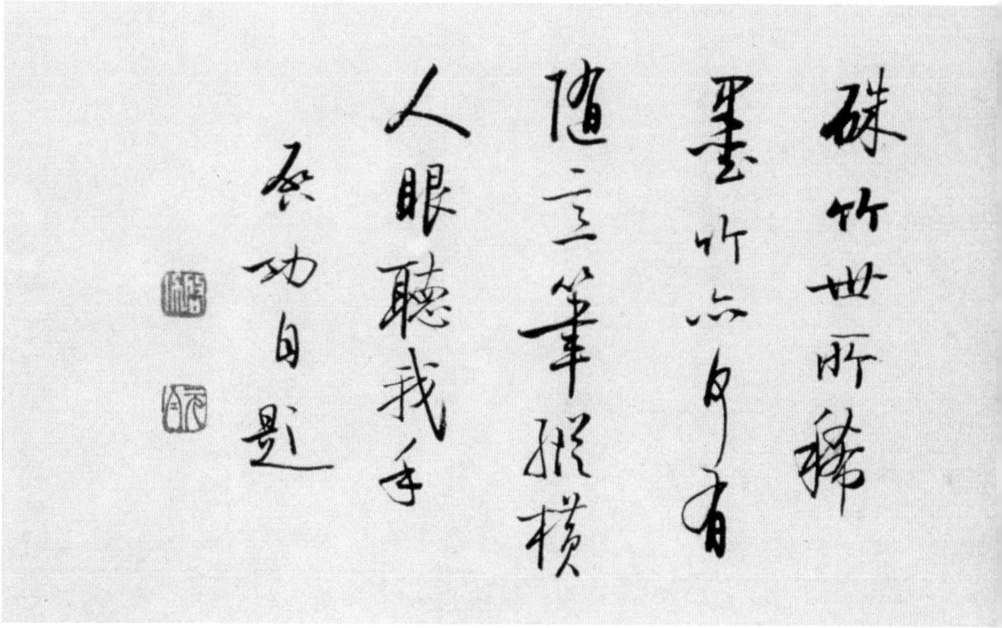
硃竹世所稀
墨竹亦多有
随之笔纵横
人眼聽我手
启功自题

积棘生佳实
平芜正好风
玉兰柔相益长
道大自能容

启功

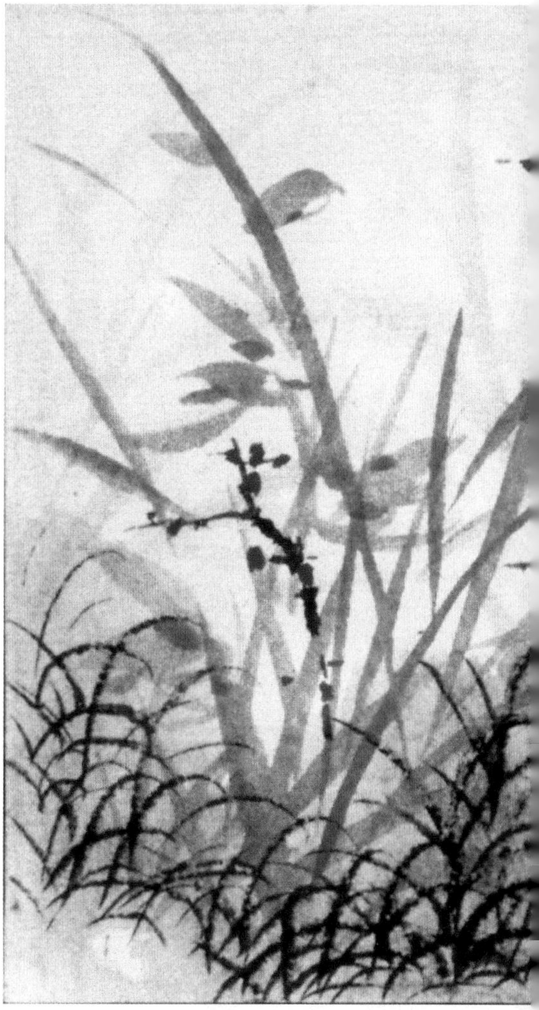

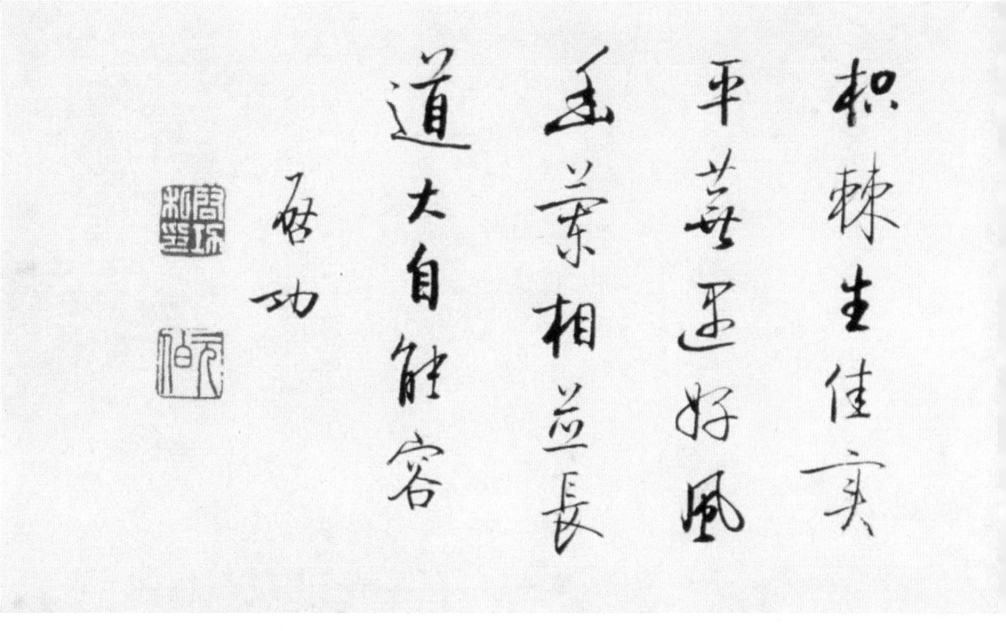

雨后

秋雨初霁砚
几塍余汞真
枯此 启功

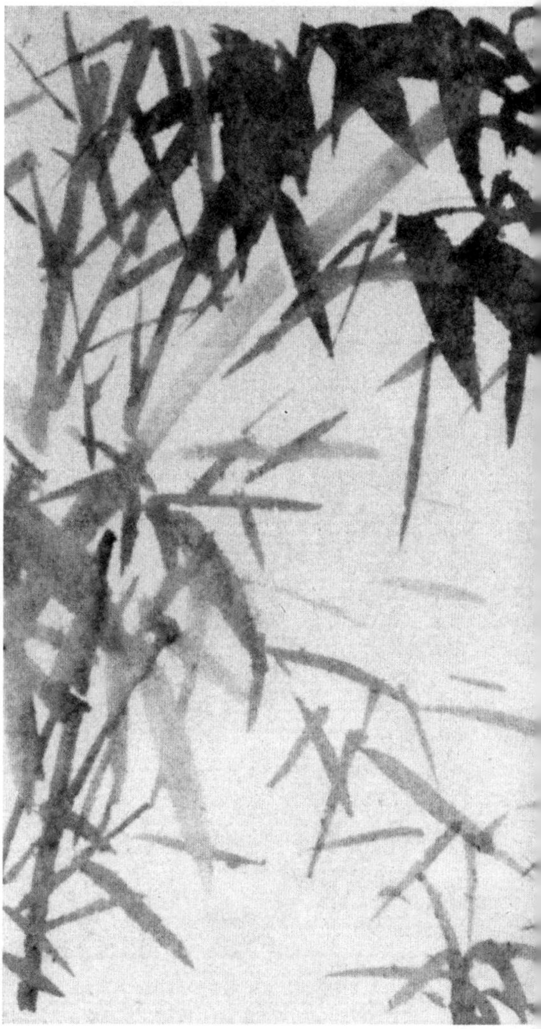

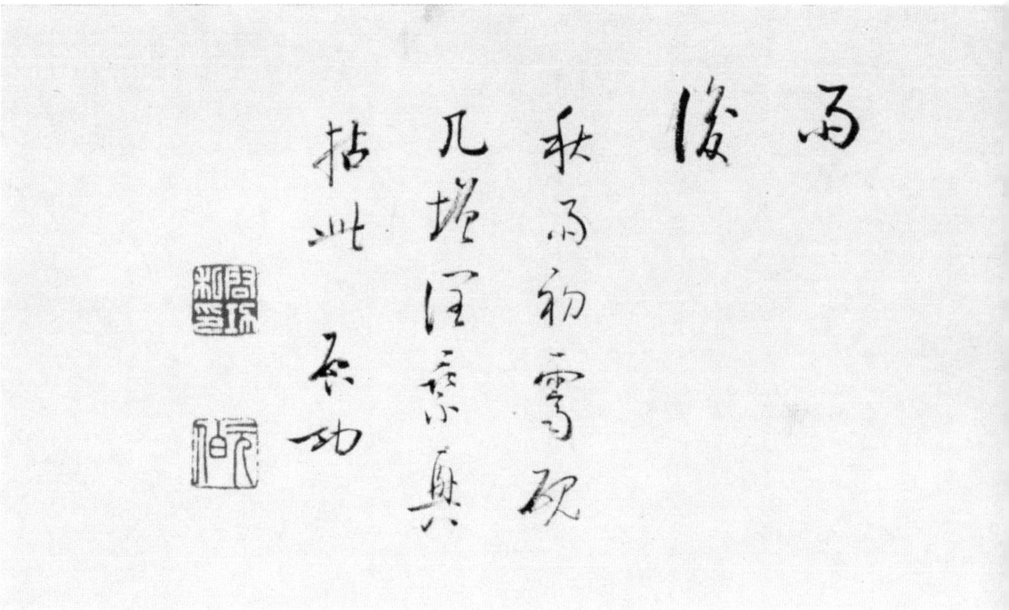

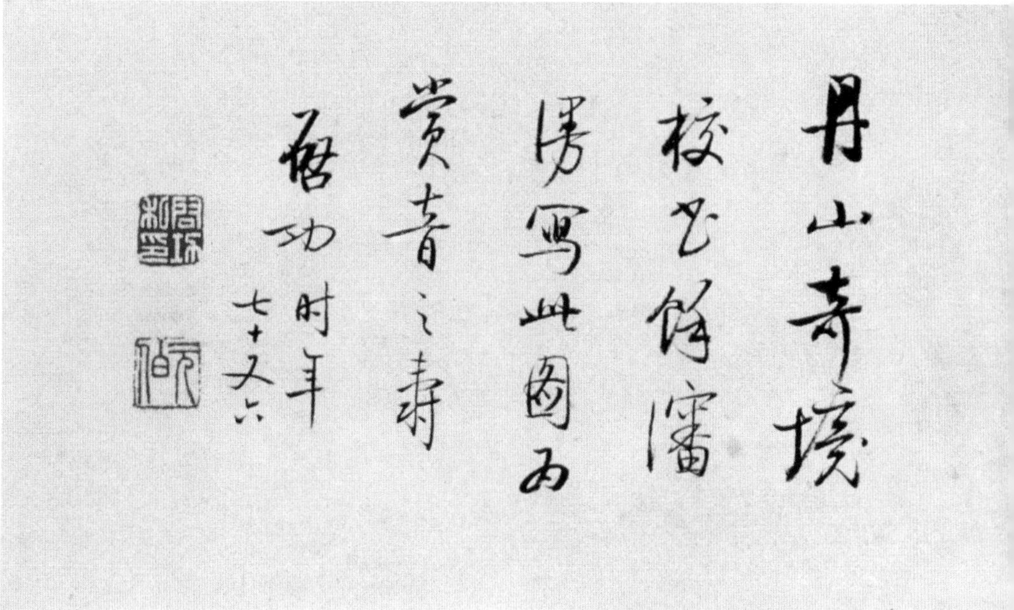
丹山寿境
贵青之寿
启功 时年七十又六

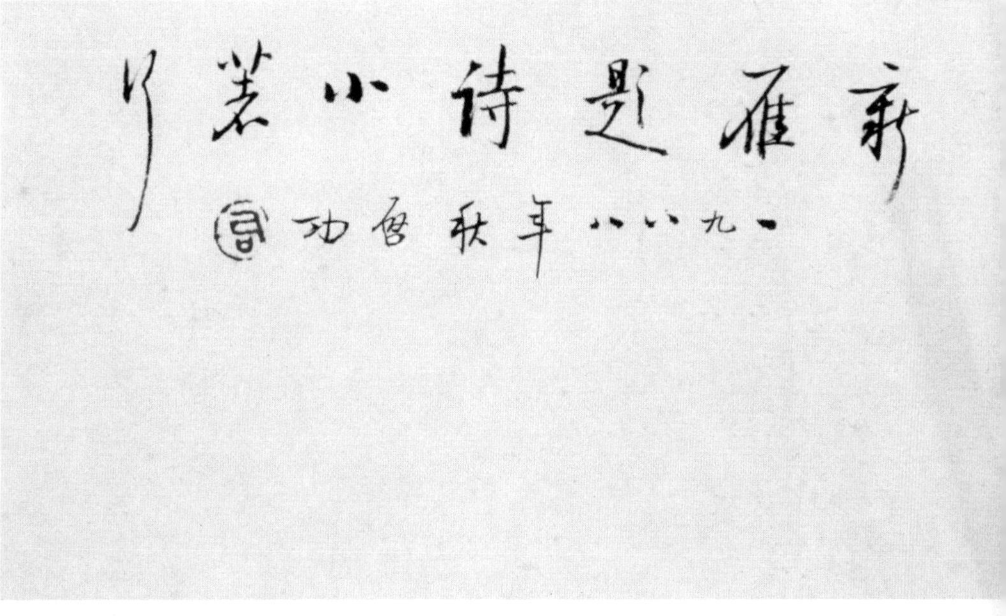
一九八八年秋启功

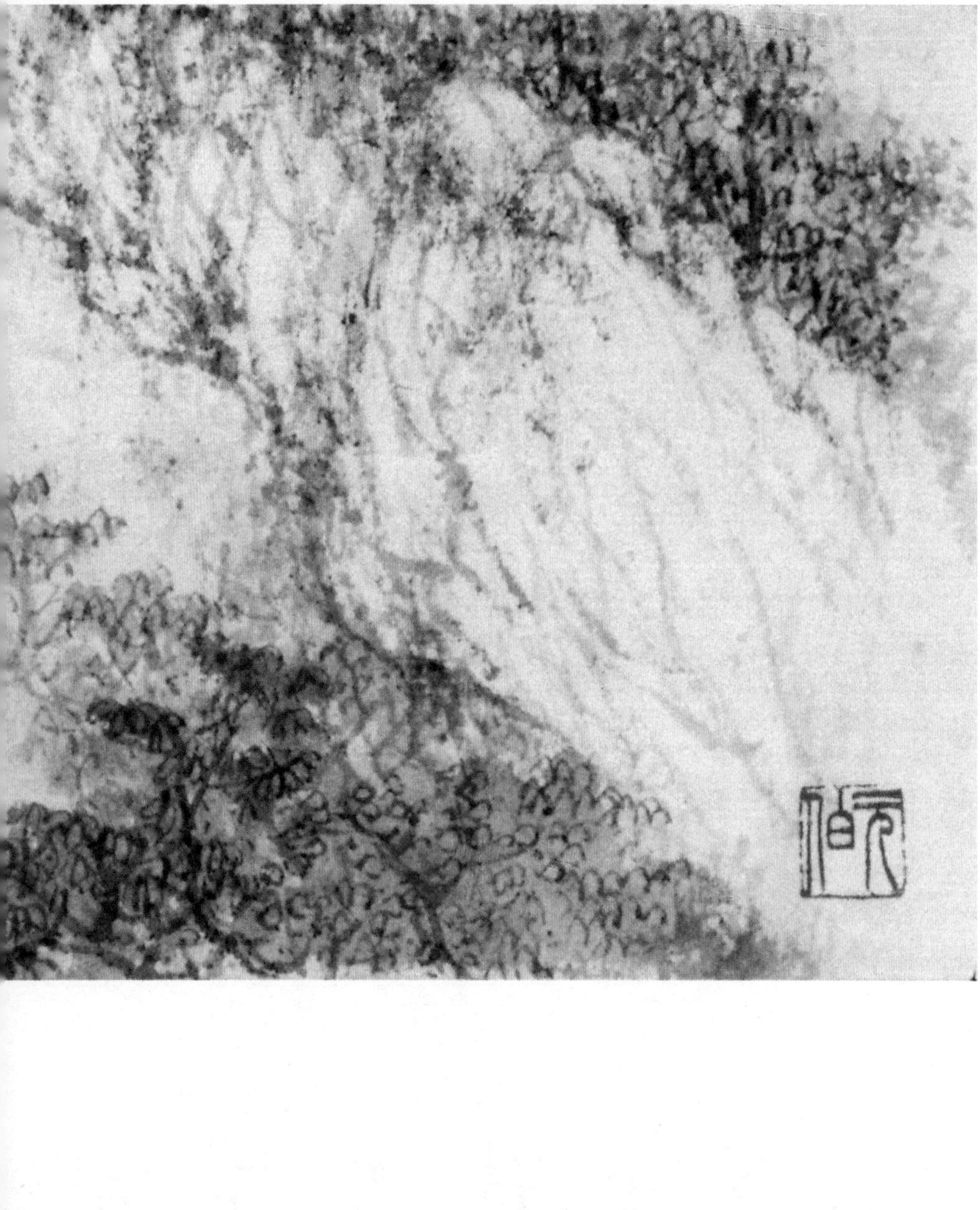

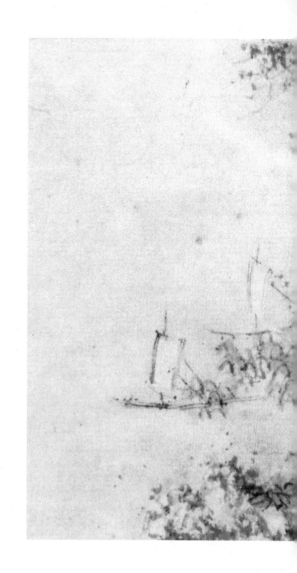

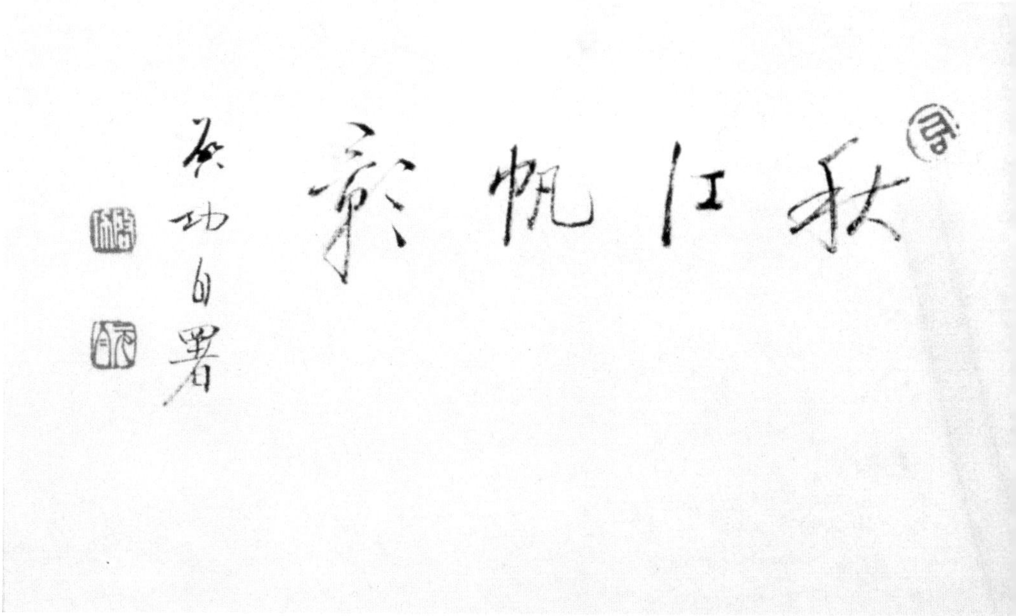
秋江帆影
启功自署

当人手少兄廉

黄生还以逐以筆

王之筆状大及累

见真就乃自欲

曰舜禹之事我

知之美赏王

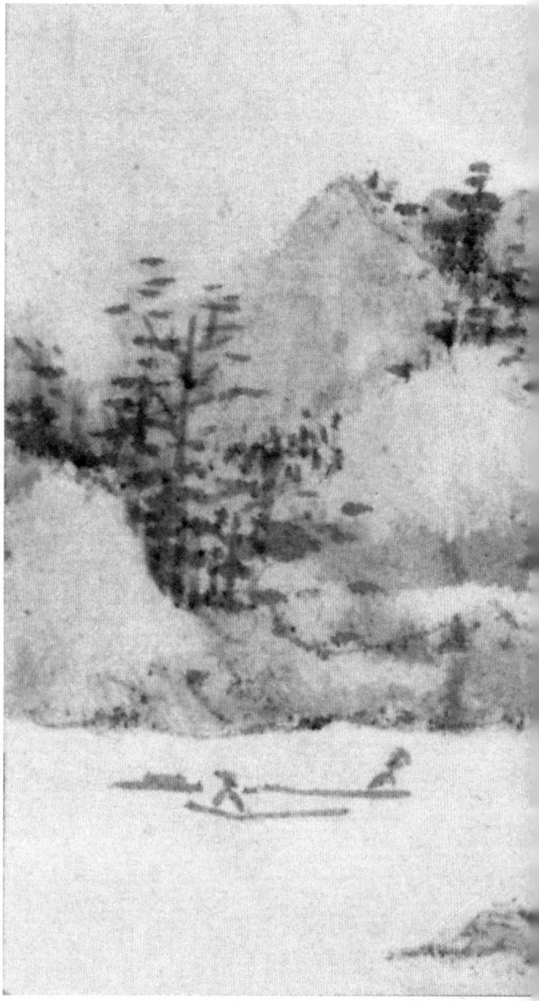

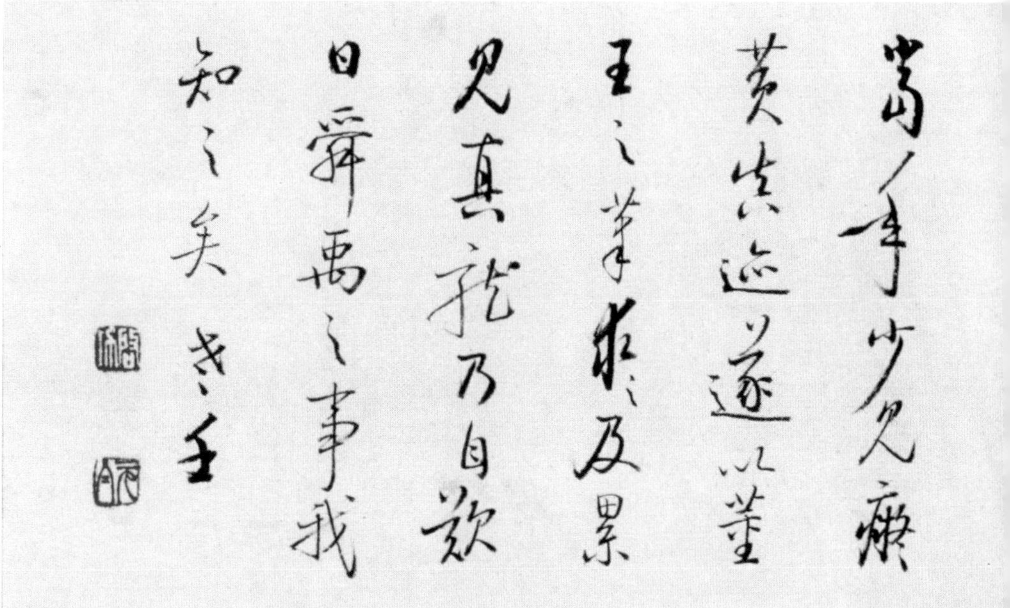

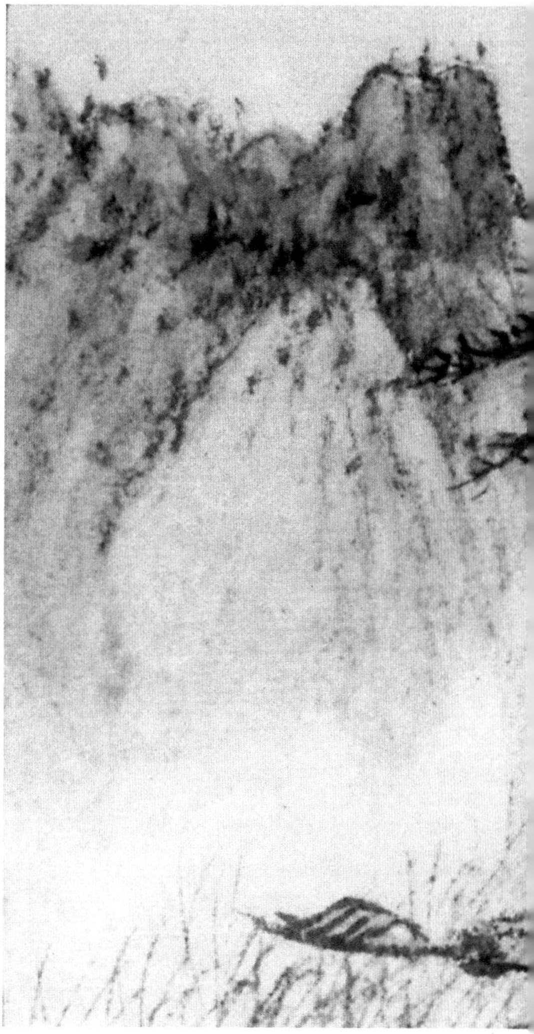

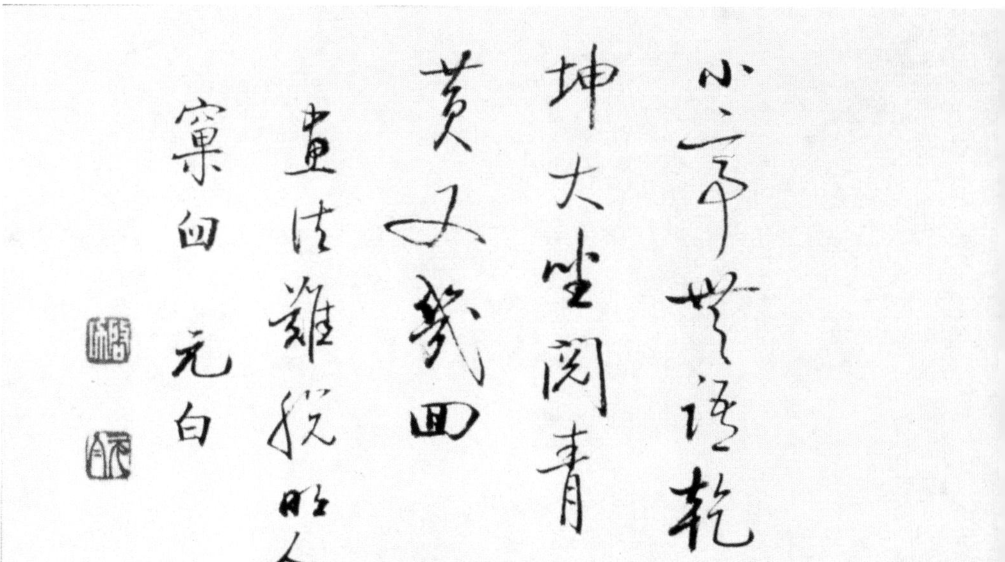
小亭無語乾
坤大坐閱青
黃又幾回
畫法難從明人
窠臼 元白

非高非米
亦非自己
东施捧心
如斯而已
一九八八年冬日
启功自题

貴權先生醫宗
於拙筆獨有癖嗜
敬呈小冊以報
回春之功乃希指正
一九八八年初冬 啓功

青虬圖

此余杜撰何敢
妄攀倪懸

朱笔山水花卉册

朱笔山水花卉册

册页　6开　每开12cm × 15cm

一九八八年作　朱笔纸本　个人收藏

染于岸阔风
正帆飔涨有舷
一谁泰此祥
一九八八年冬日
振次香江间居
男笔
启功

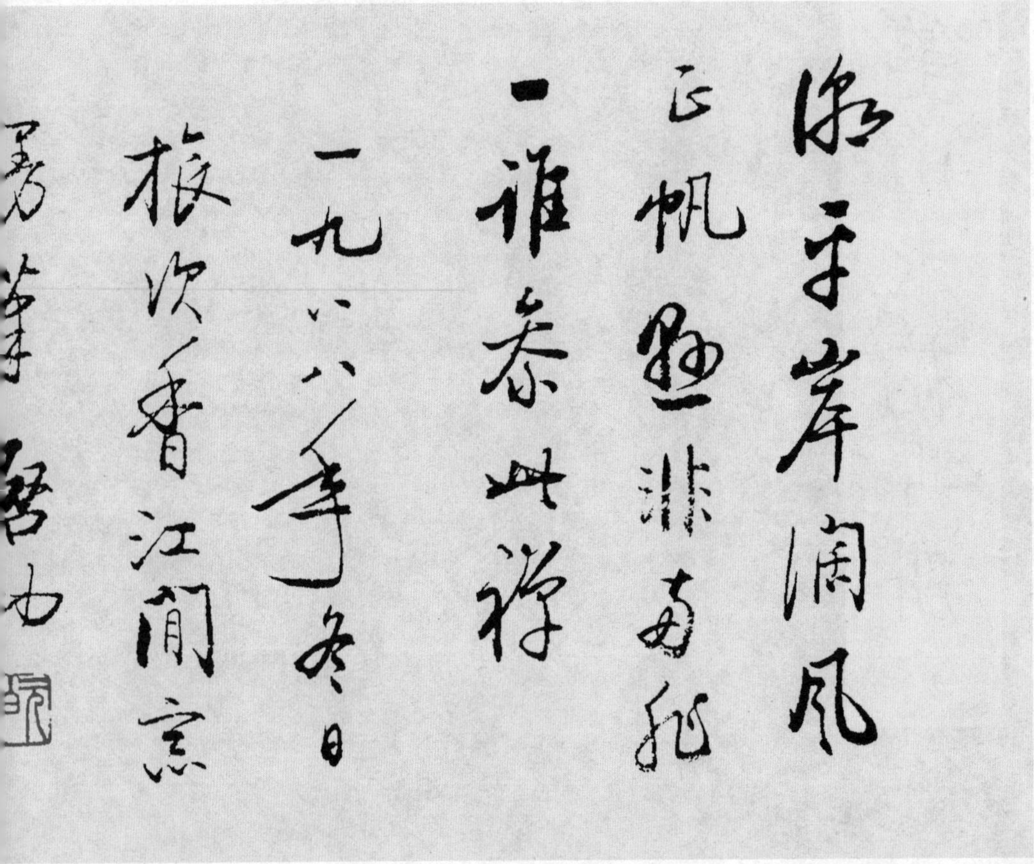

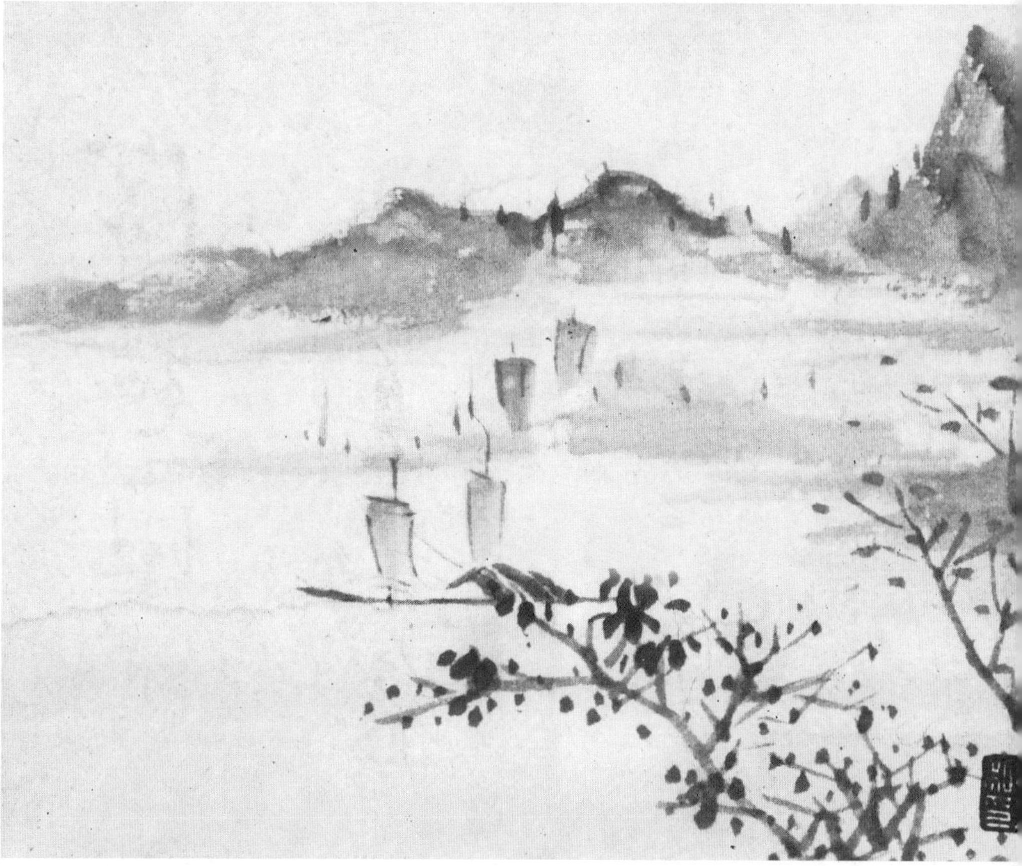

浑点斑斑中算米家
云山 米氏父子
落苏之作不尽月
故被辛军点

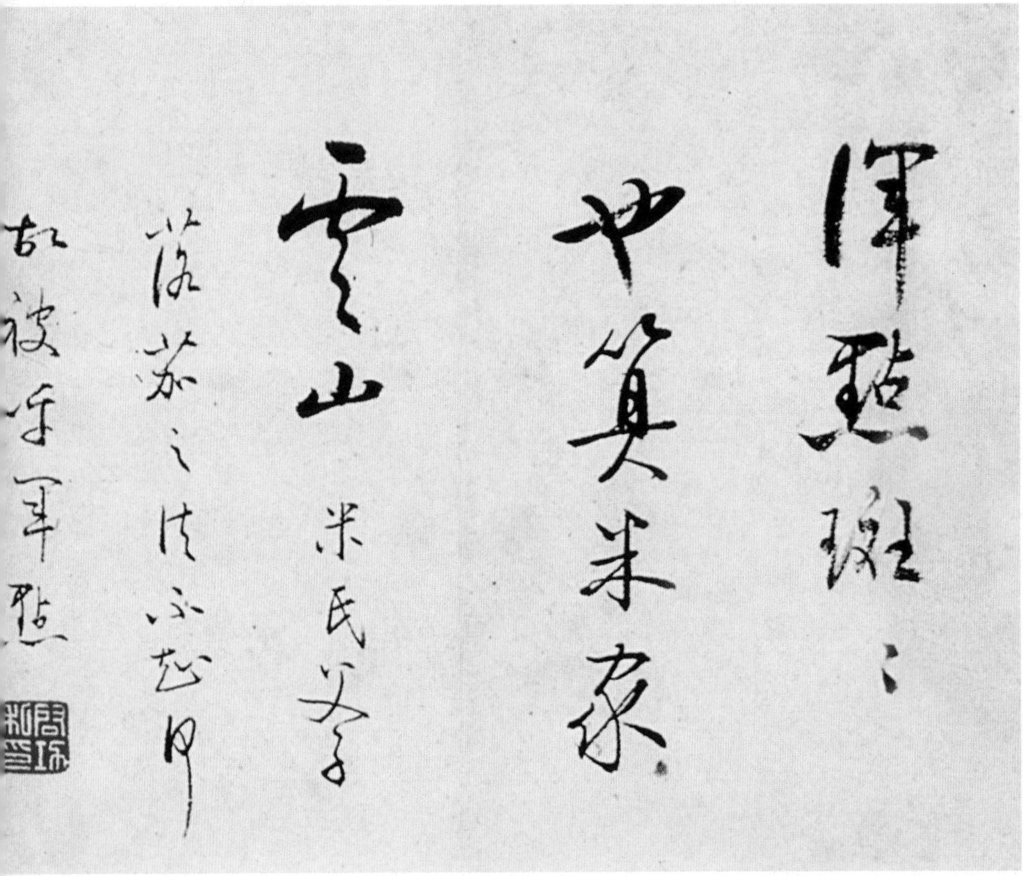

珊瑚出网
寿玉响画
後颖书草
先之拓
元白

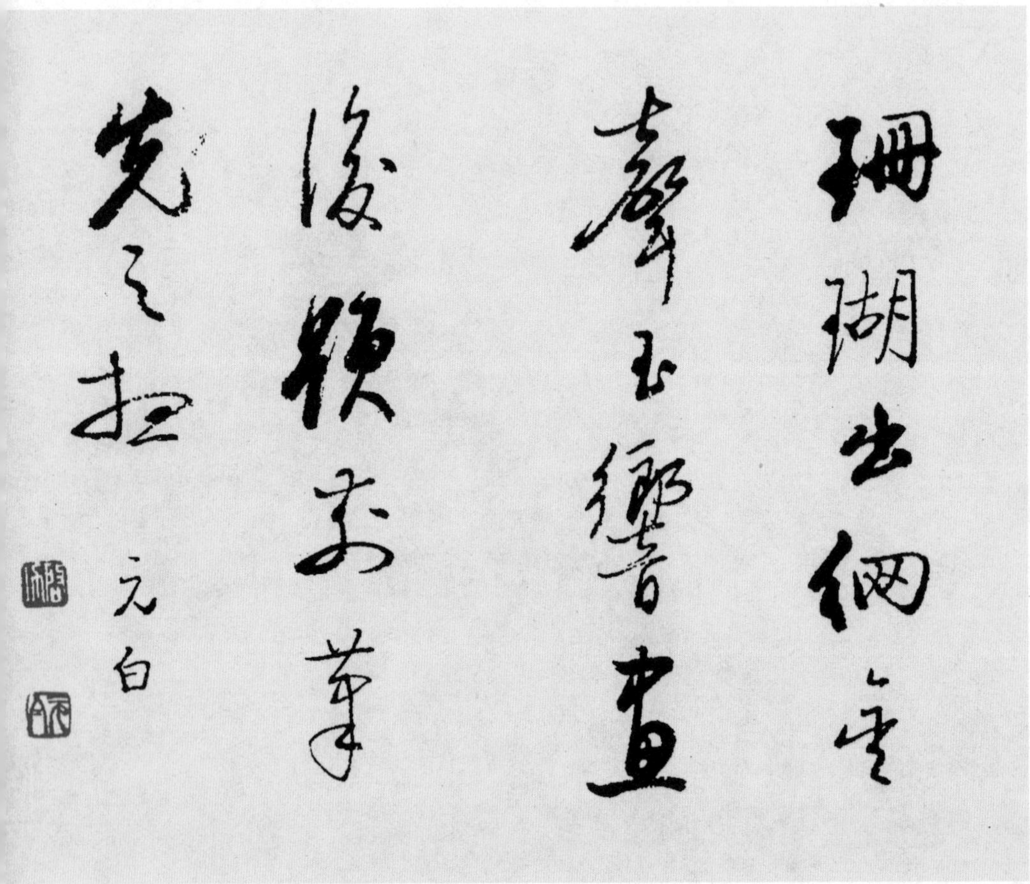

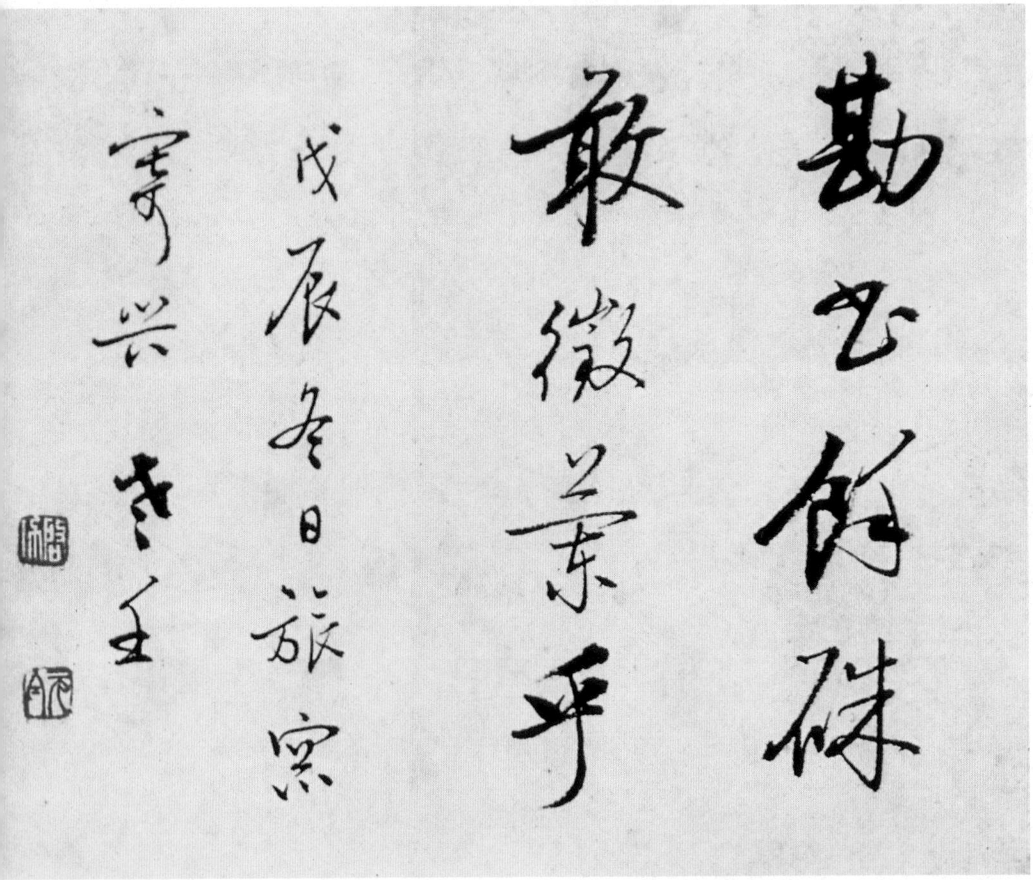

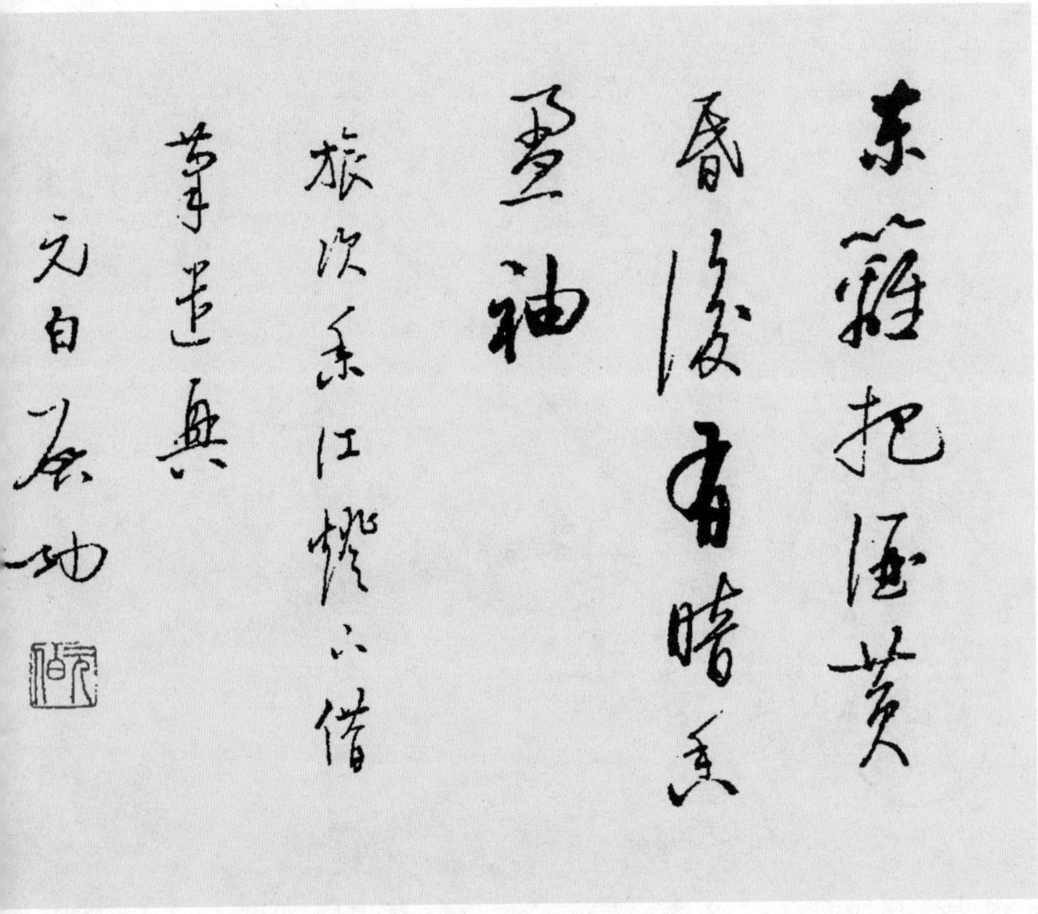
东篱把盏黄
昏后有暗香
盈袖
元白启功

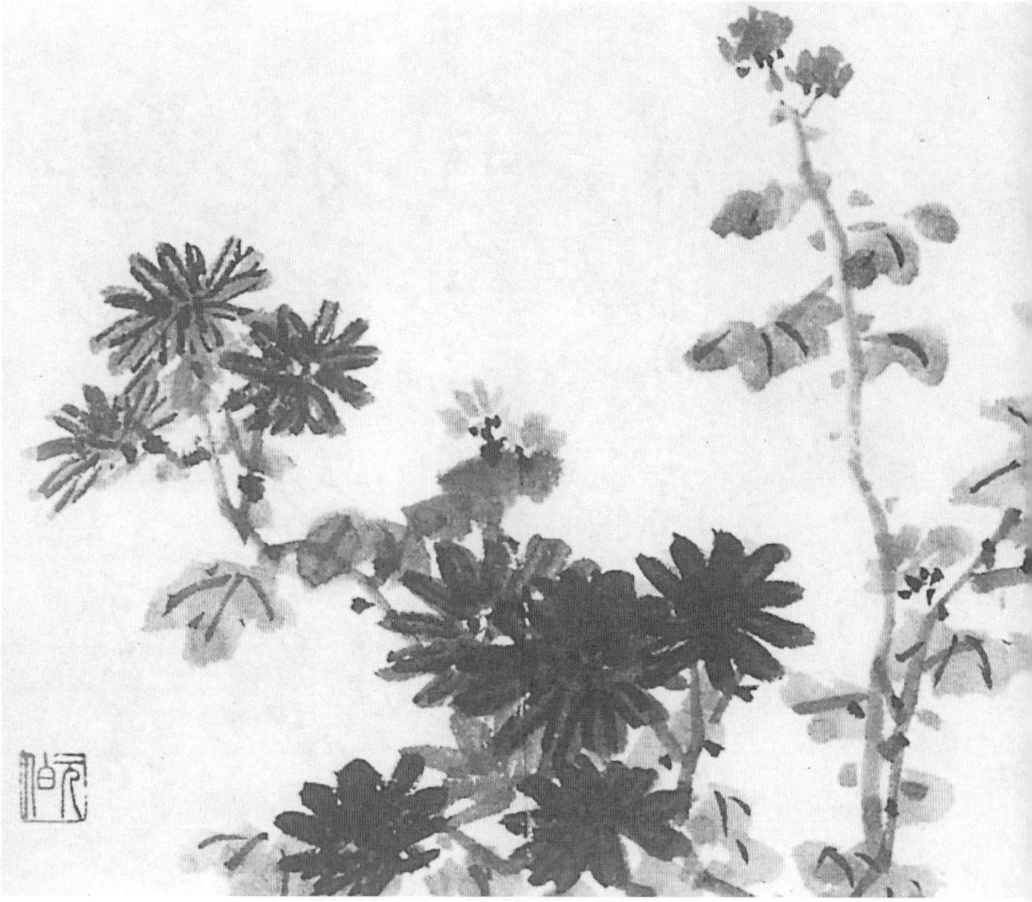

长松停玉手
把花烟与更
相付福寿绵
绵小册一握以列
苍苤数茶点由
一时奥云山
功

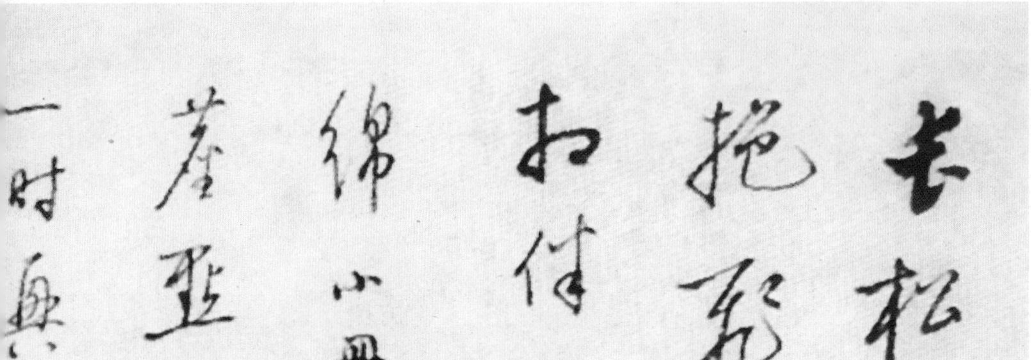

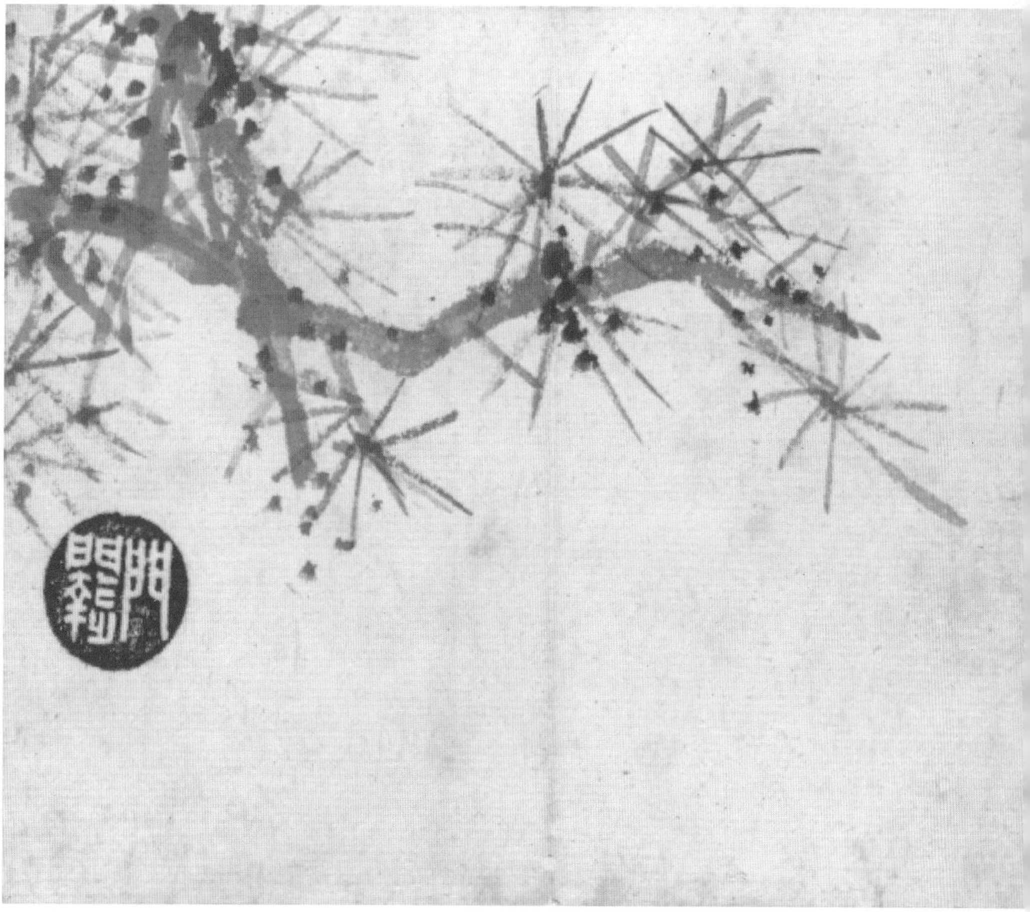

兰竹花卉册

兰竹花卉册

册页　10开　每开28cm×37cm

一九九四年作　朱笔纸本　北京师范大学收藏

启功

启功

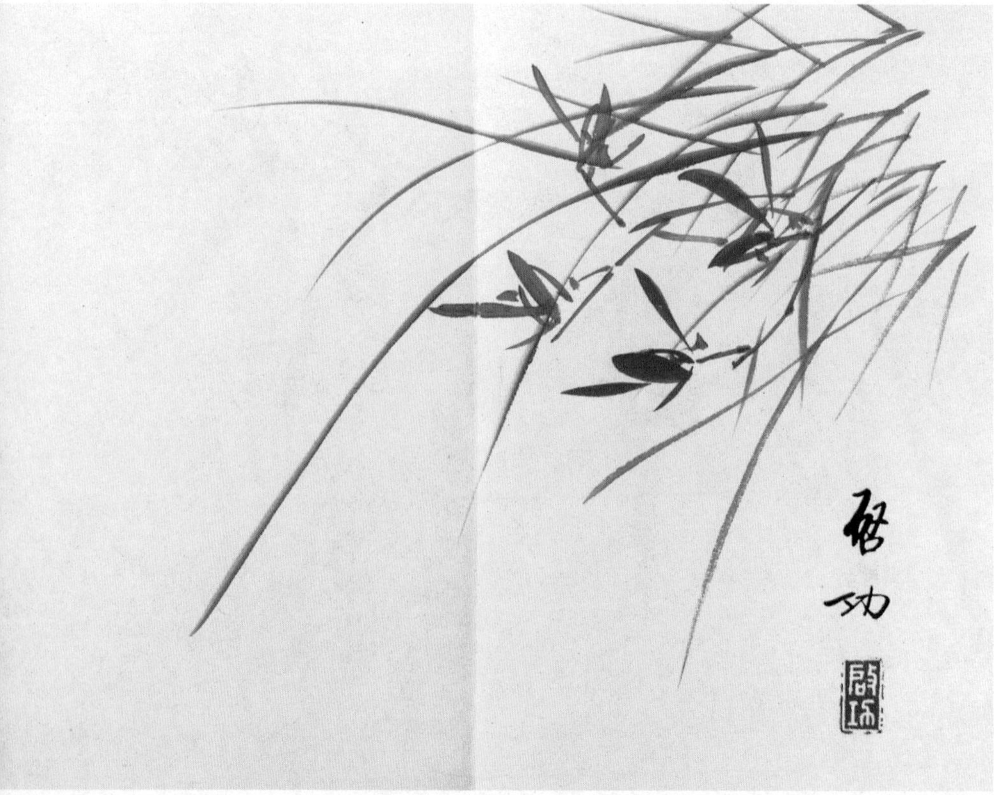
启功

启功

启功

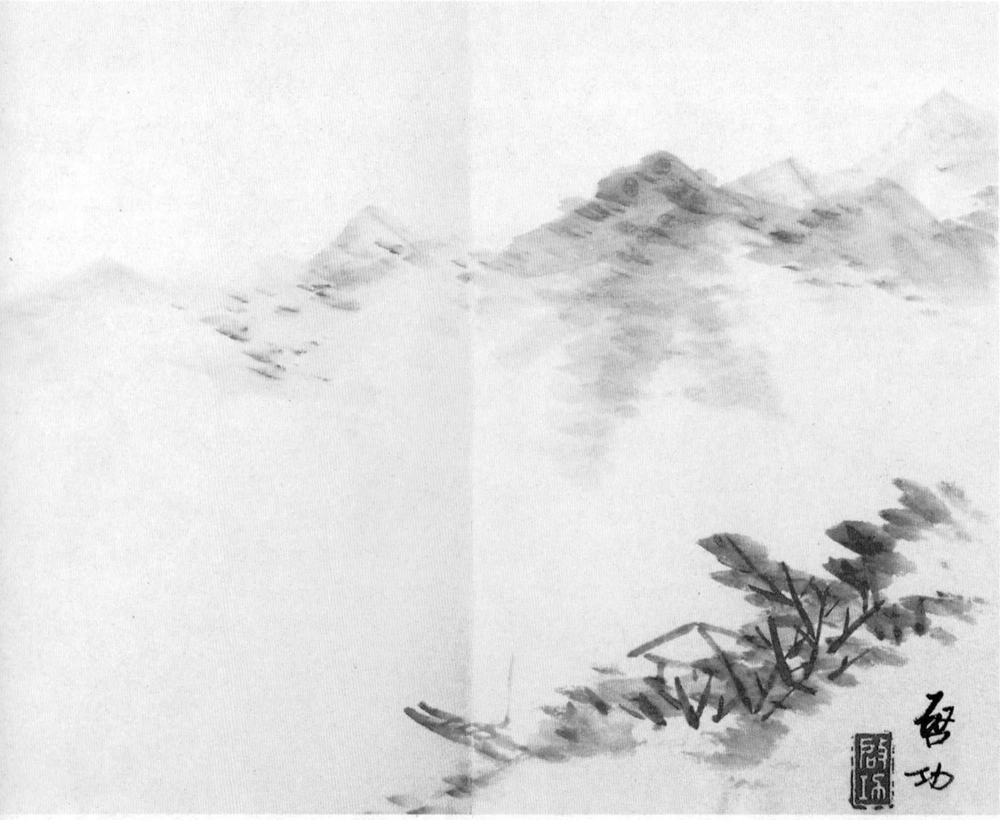
启功

启功

启功

扇面

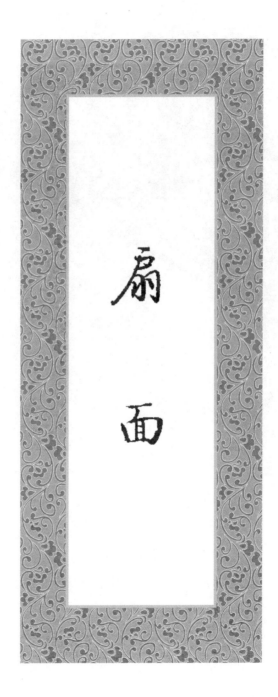

山　水(一)

一九四〇年作　成扇　水墨纸本　个人收藏

山　水(二)

一九四〇年作　成扇　水墨纸本　个人收藏

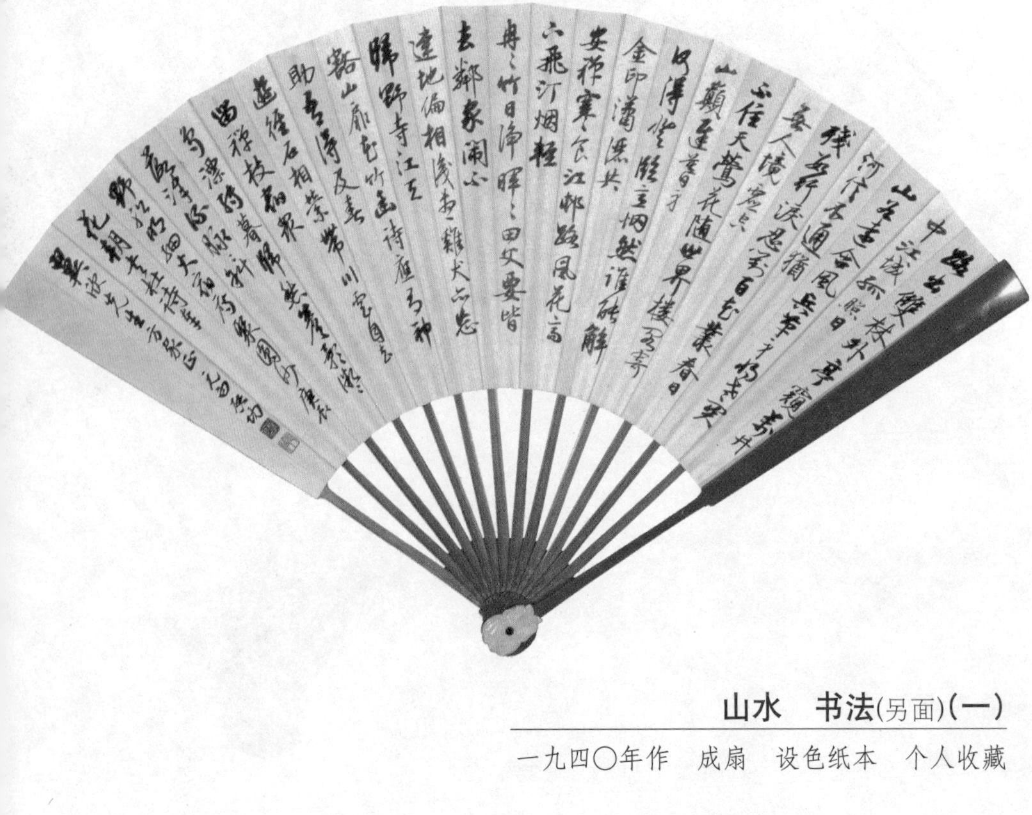

山水　书法(另面)**(一)**

一九四〇年作　成扇　设色纸本　个人收藏

山水　书法(另面)(二)

一九四二年作　成扇　水墨纸本　个人收藏

竹石花卉(一)

一九四五年作　成扇　设色纸本　个人收藏

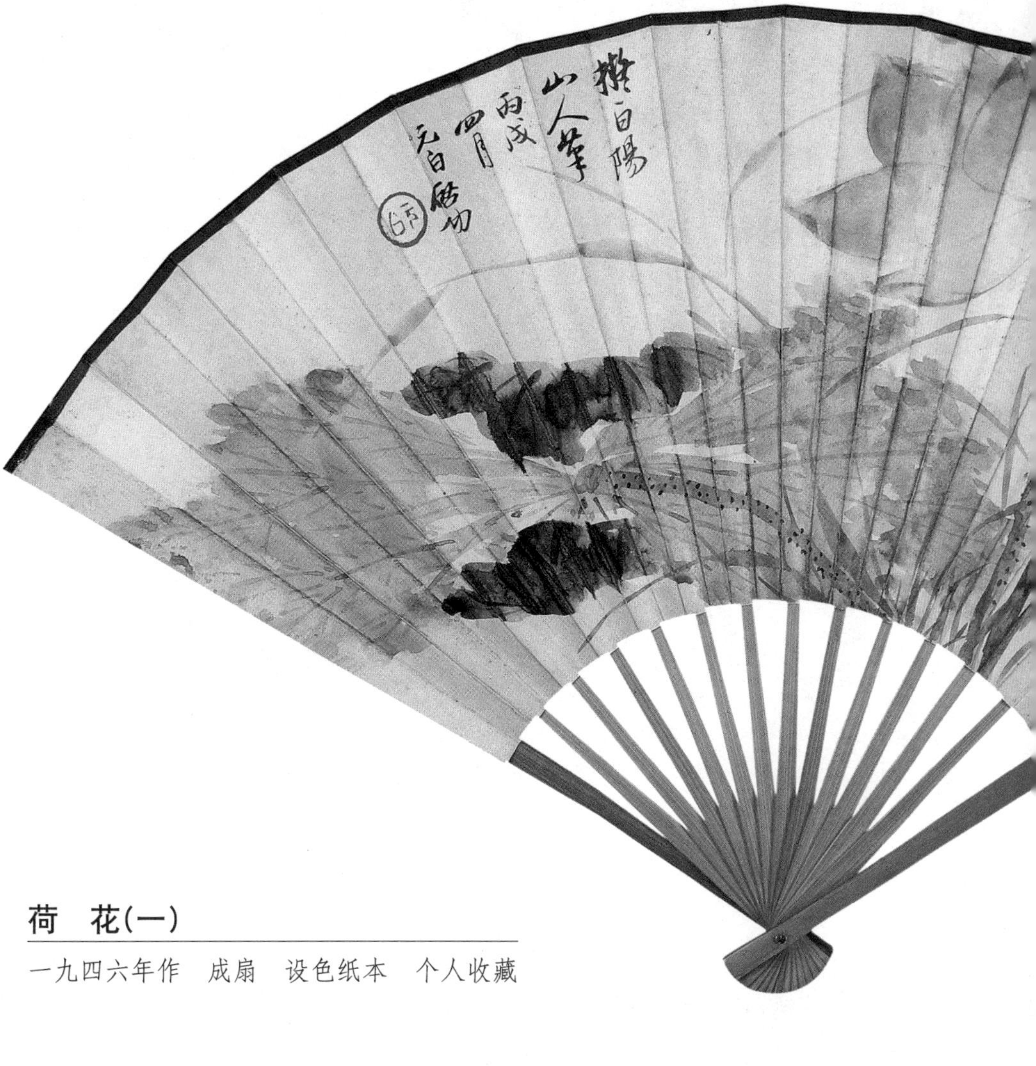

荷　花(一)

一九四六年作　成扇　设色纸本　个人收藏

山　水(三)

二十世纪四十年代作　成扇　设色纸本　个人收藏

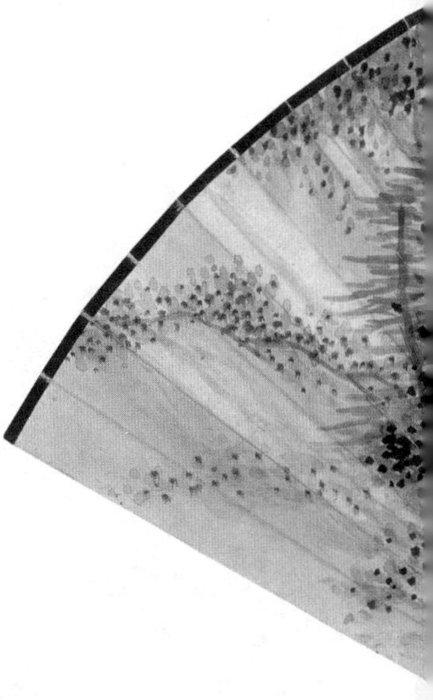

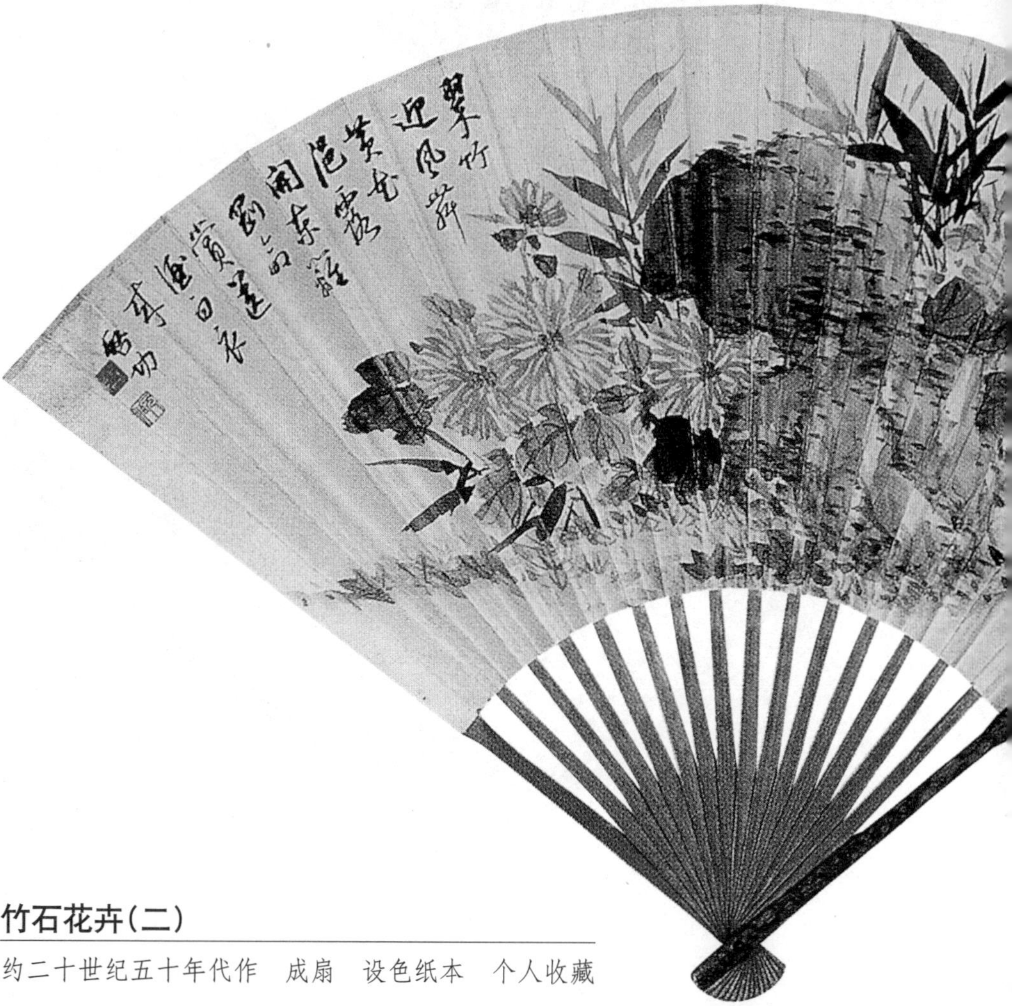

竹石花卉(二)

约二十世纪五十年代作　成扇　设色纸本　个人收藏

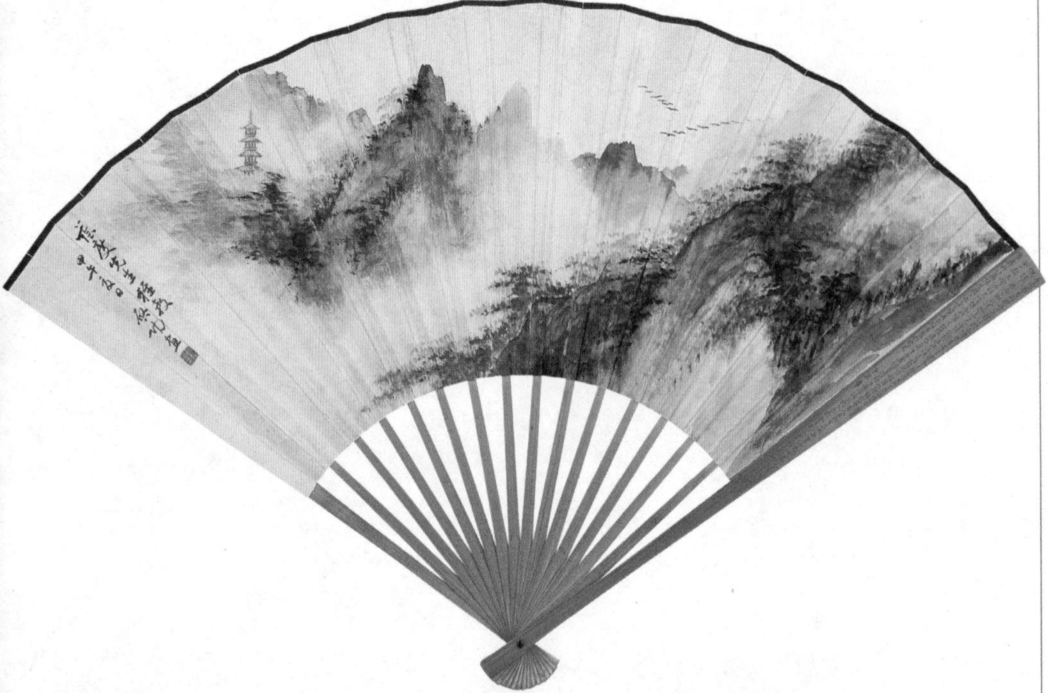

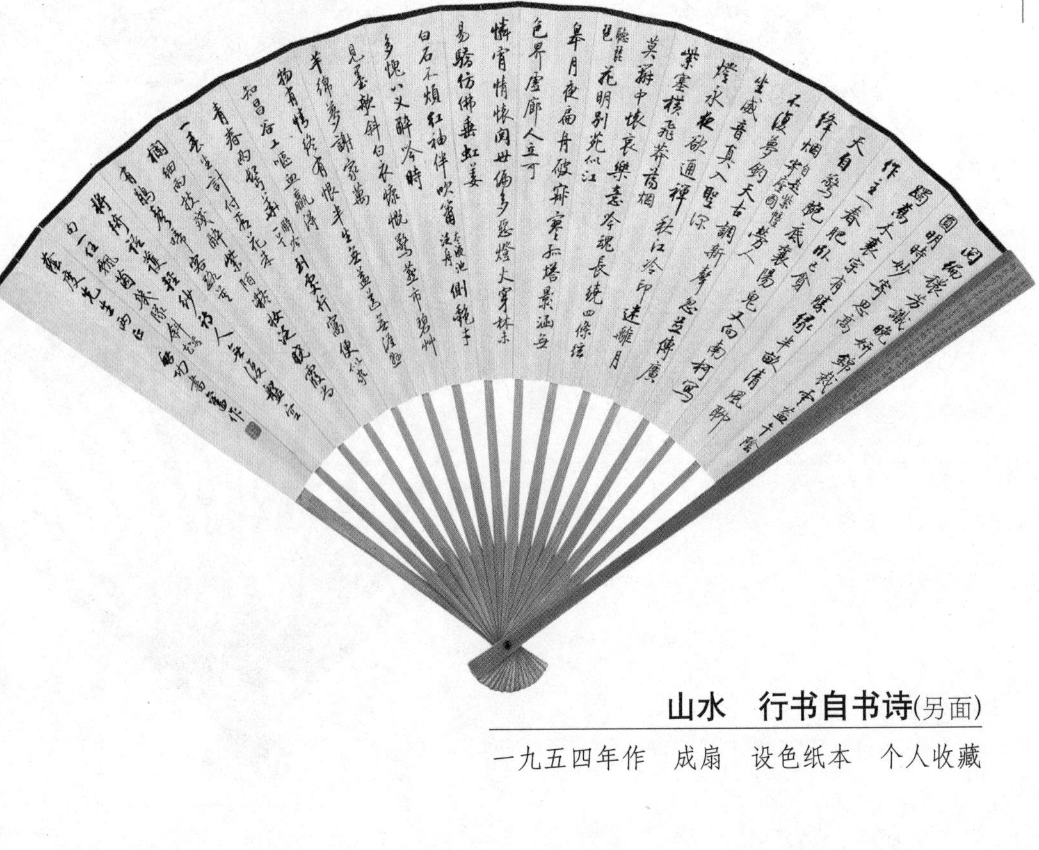

山水　行书自书诗(另面)

一九五四年作　成扇　设色纸本　个人收藏

荷　塘

一九五七年作　成扇　设色纸本　个人收藏

竹石 书法(另面)**(一)**

约二十世纪七十年代作 成扇 设色纸本 个人收藏

竹石　书法(另面)(二)

一九八七年作　成扇　水墨纸本　个人收藏

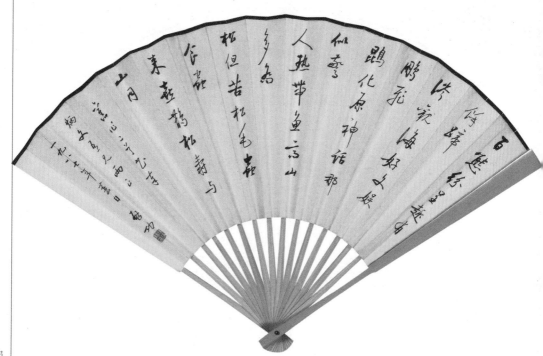

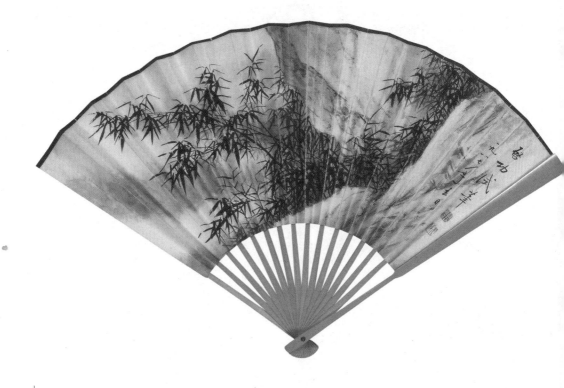

竹石　书法(另面)(三)

一九九〇年作　成扇　水墨纸本　个人收藏

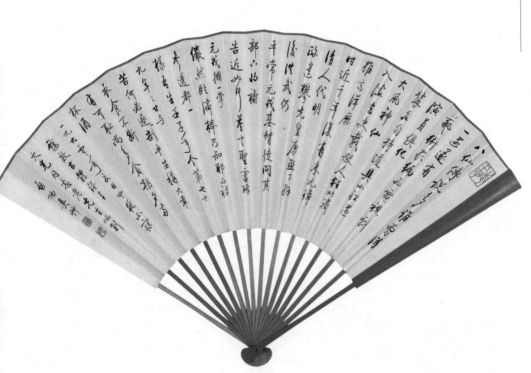

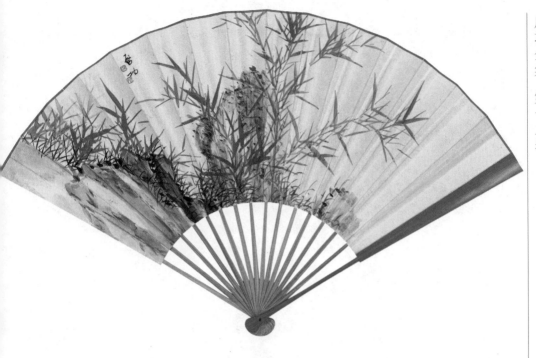

山　水（四）

成扇　水墨纸本　个人收藏

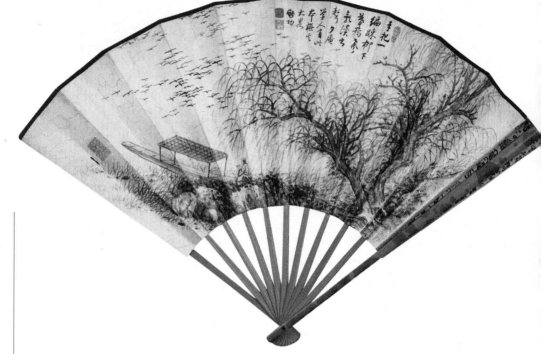

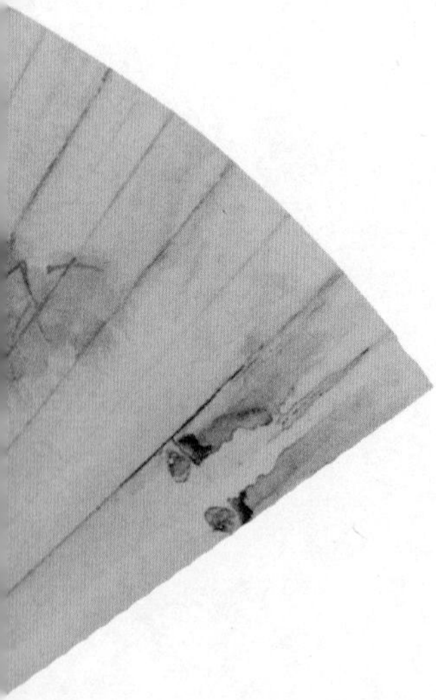

山　水(五)

一九三四年作　扇面　设色纸本　个人收藏

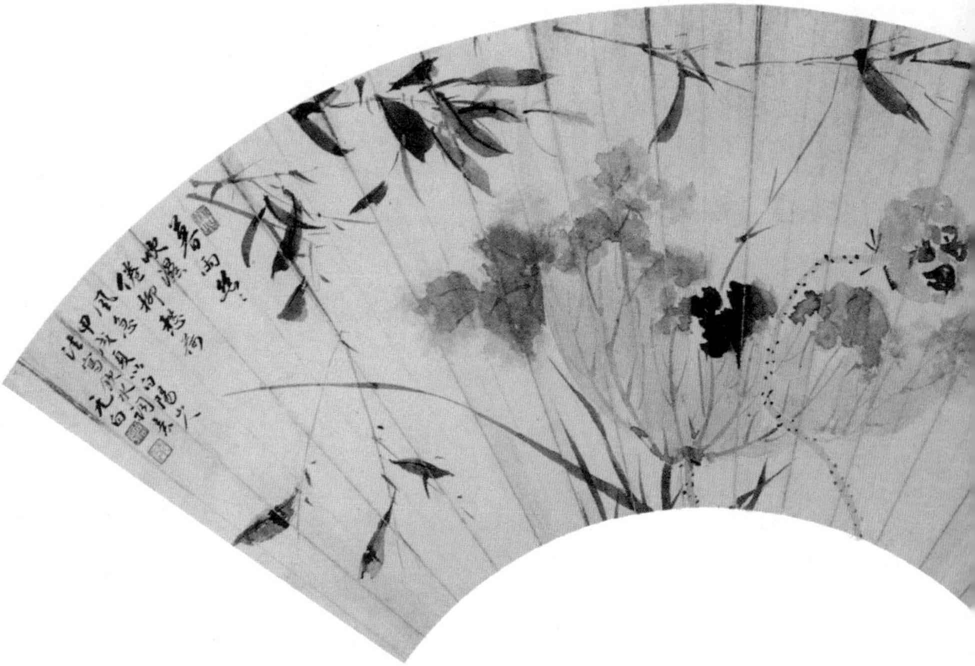

墨荷图

一九三四年作　扇面　水墨纸本　个人收藏

山　水(六)

一九三五年作　扇面　水墨纸本　个人收藏

山　水(七)

一九三六年作　扇面　设色纸本　个人收藏

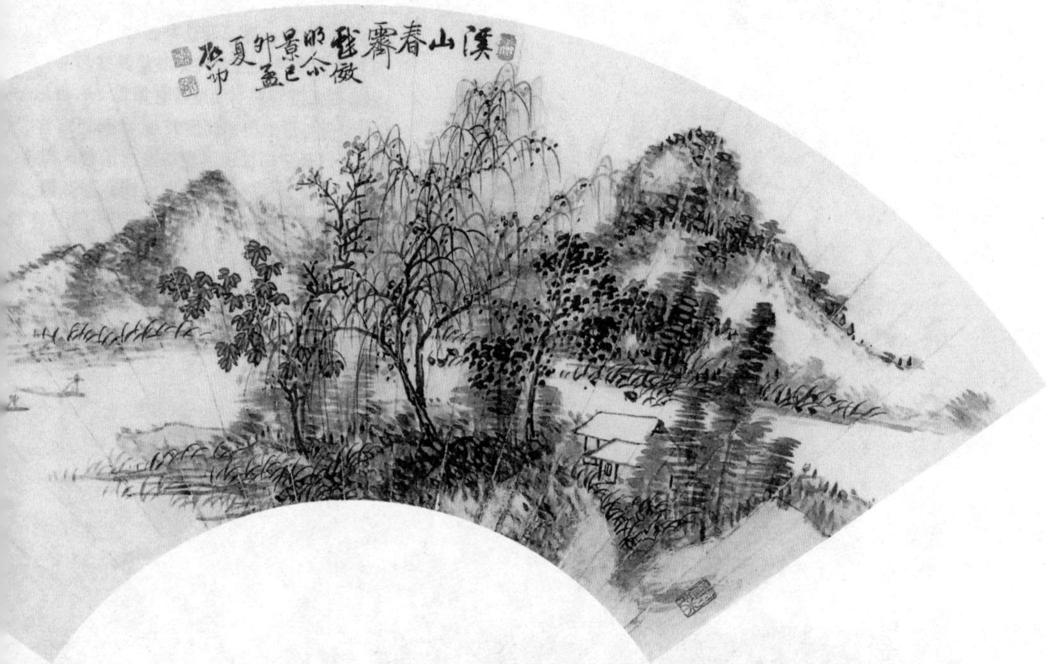

溪山春霁

一九三九年作　扇面　设色纸本　个人收藏

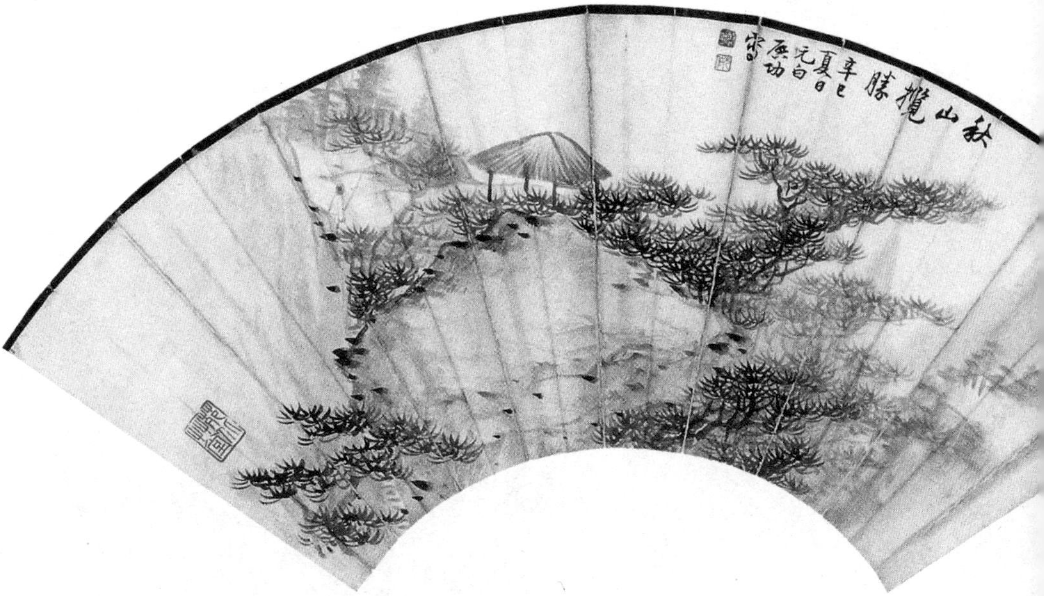

秋山揽胜　书法(另面)

一九三九年作　扇面　设色纸本　个人收藏

山 水(八)

早期作品 扇面 设色纸本 个人收藏

溪桥策杖

一九四一年作　扇面　设色纸本　北京师范大学收藏

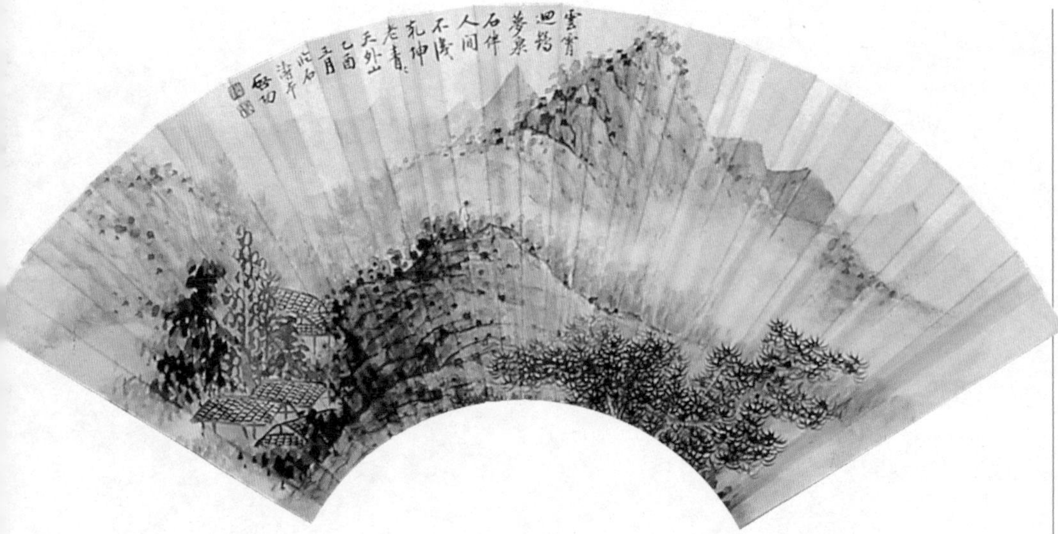

山水 书法(另面)**(三)**

一九四五年作 扇面 设色纸本 个人收藏

山水　书法(另面)(四)

一九四八年作　扇面　水墨纸本　个人收藏

山 水(九)

一九四八年作 扇面 设色纸本 个人收藏

云林小景

一九四八年作　扇面　设色纸本　个人收藏

山　水（十）

一九四九年作　扇面　水墨纸本　个人收藏

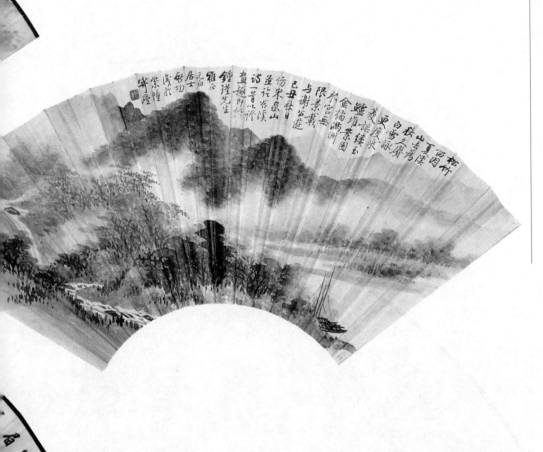

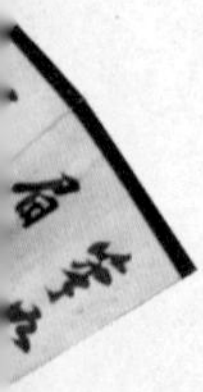

山水　书法(另面)(五)

一九四九年作　扇面　设色纸本　个人收藏

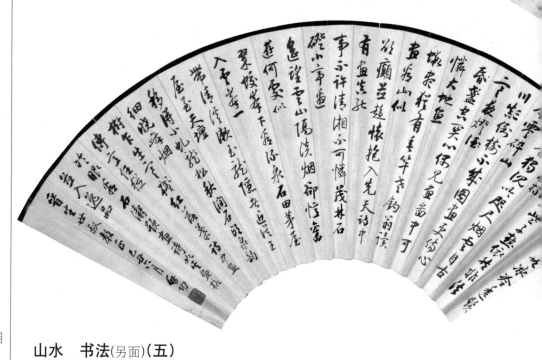

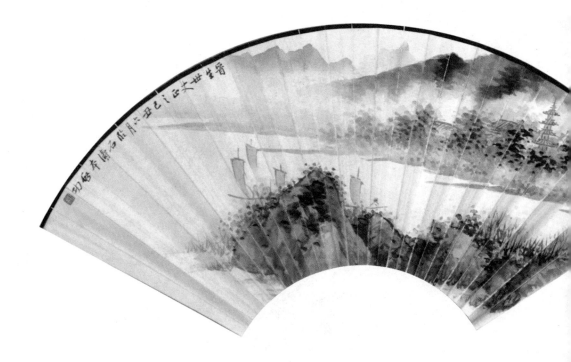

山　水(十一)

约二十世纪四十年代作　扇面　设色纸本　个人收藏

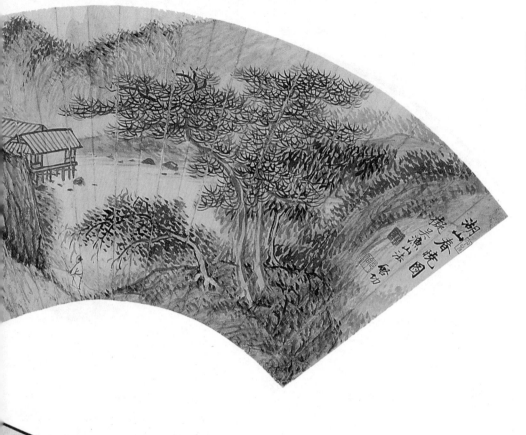

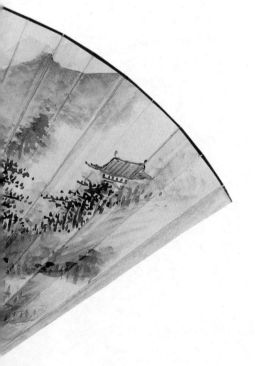

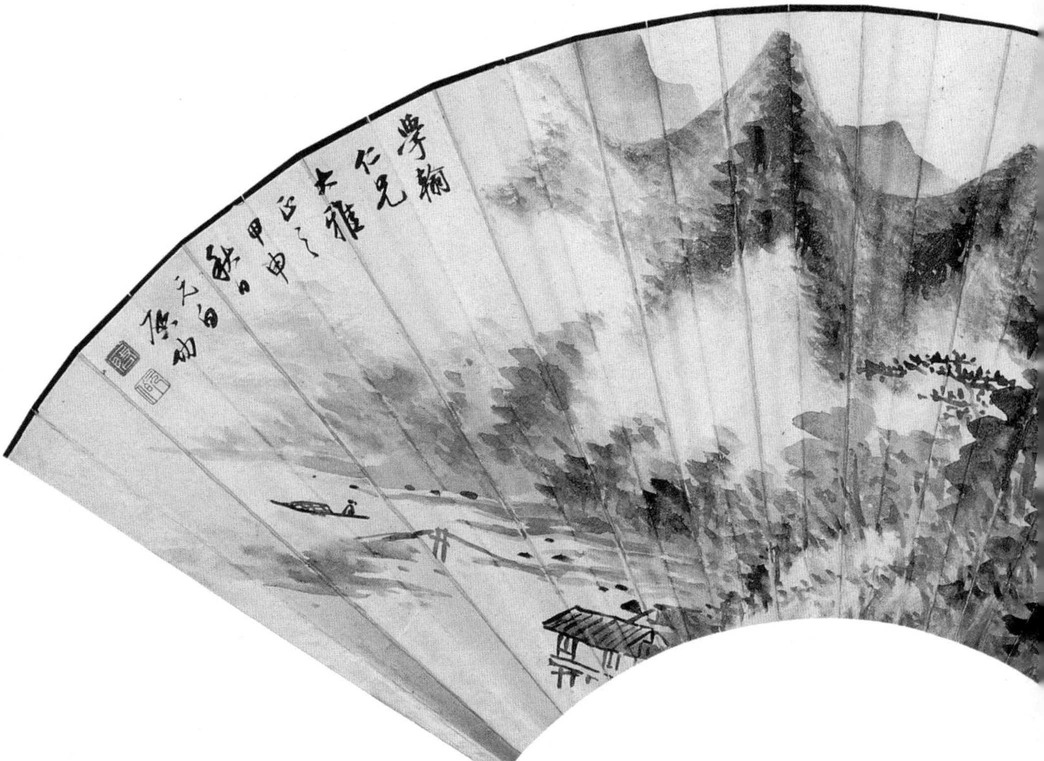

山　水(十二)

约二十世纪四十年代作　扇面　水墨纸本　个人收藏

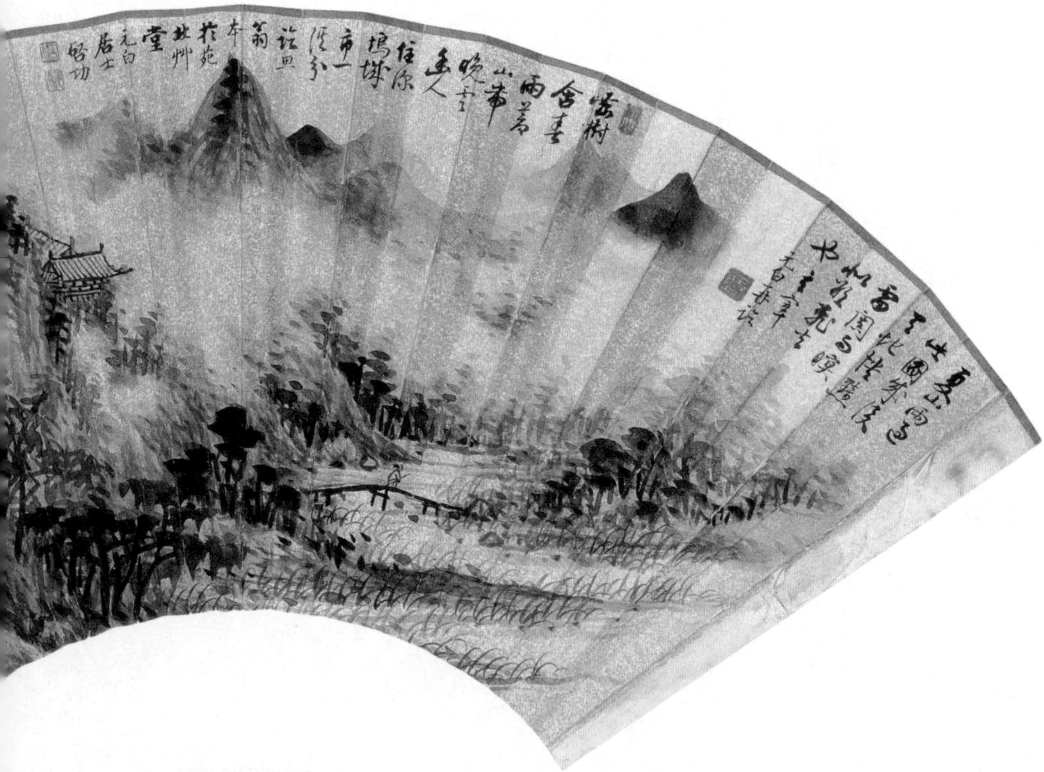

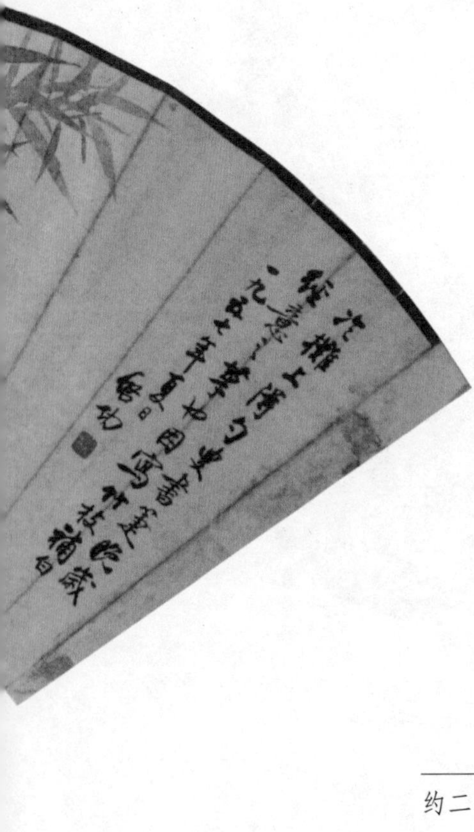

山　水(十三)

约二十世纪四十年代作　扇面　水墨纸本　个人收藏

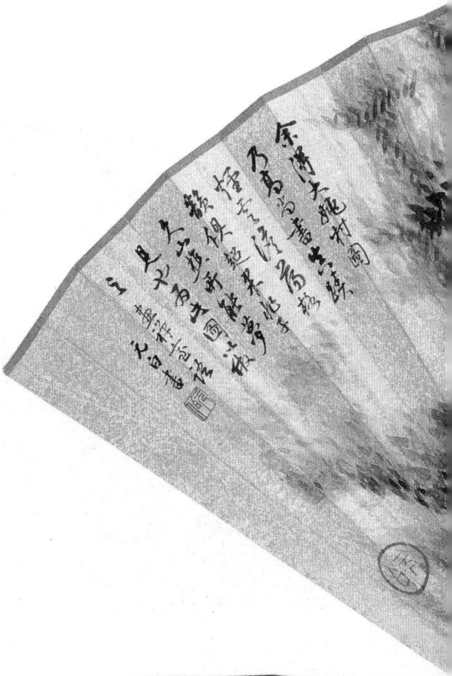

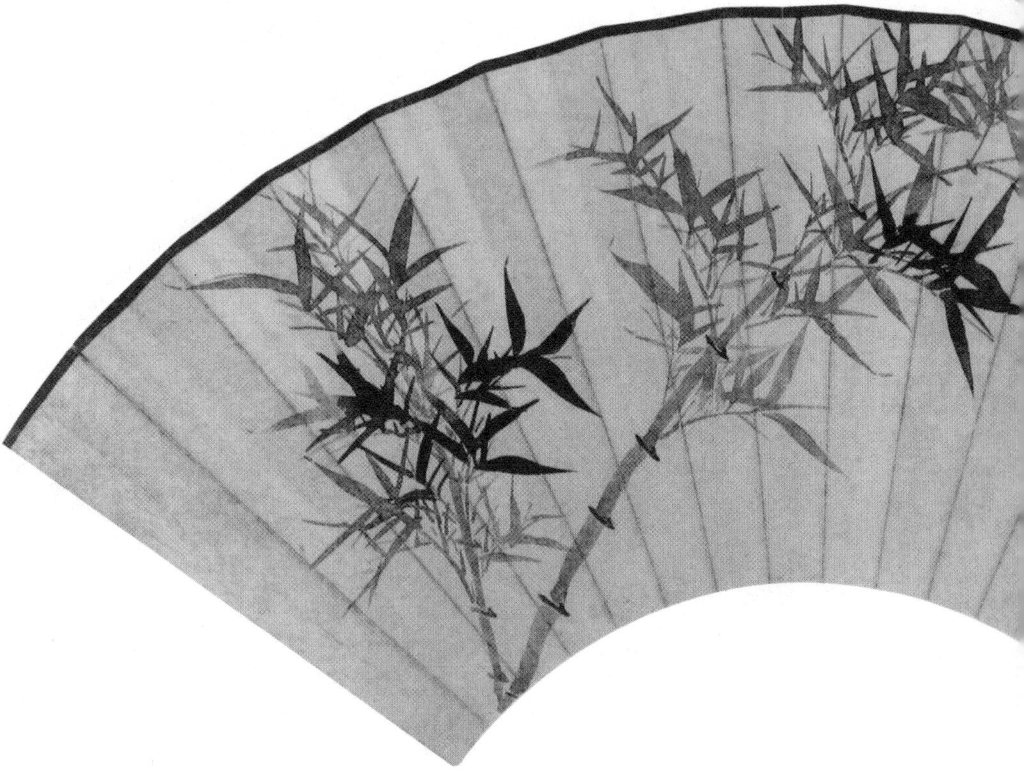

墨　竹(一)

一九五七年作　扇面　水墨纸本　个人收藏

竹石图　书法(另面)

二十世纪五十年代作　扇面　设色纸本　个人收藏

秋 菊

二十世纪五十年代作　扇面　设色纸本　北京师范大学收藏

兰 竹(一)

二十世纪五十年代作　扇面　水墨纸本　个人收藏

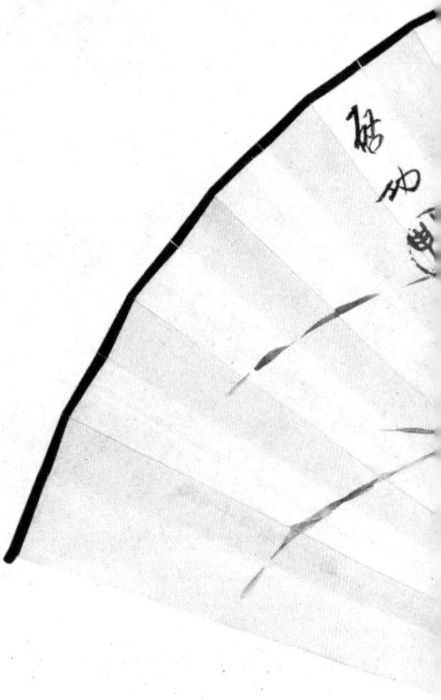

临溪图

约二十世纪五十年代作　扇面　设色纸本　个人收藏

万松图

一九六一年作 扇面 泥金纸本 北京师范大学收藏

松 竹

一九六三年作　扇面　水墨纸本　北京师范大学收藏

墨 竹(二)

一九六三年作 扇面 水墨纸本 北京师范大学收藏

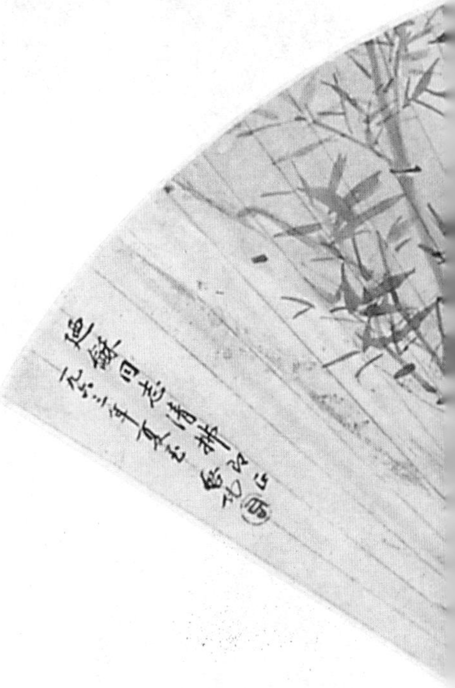

云林钟秀

二十世纪六十年代作　扇面　水墨纸本　个人收藏

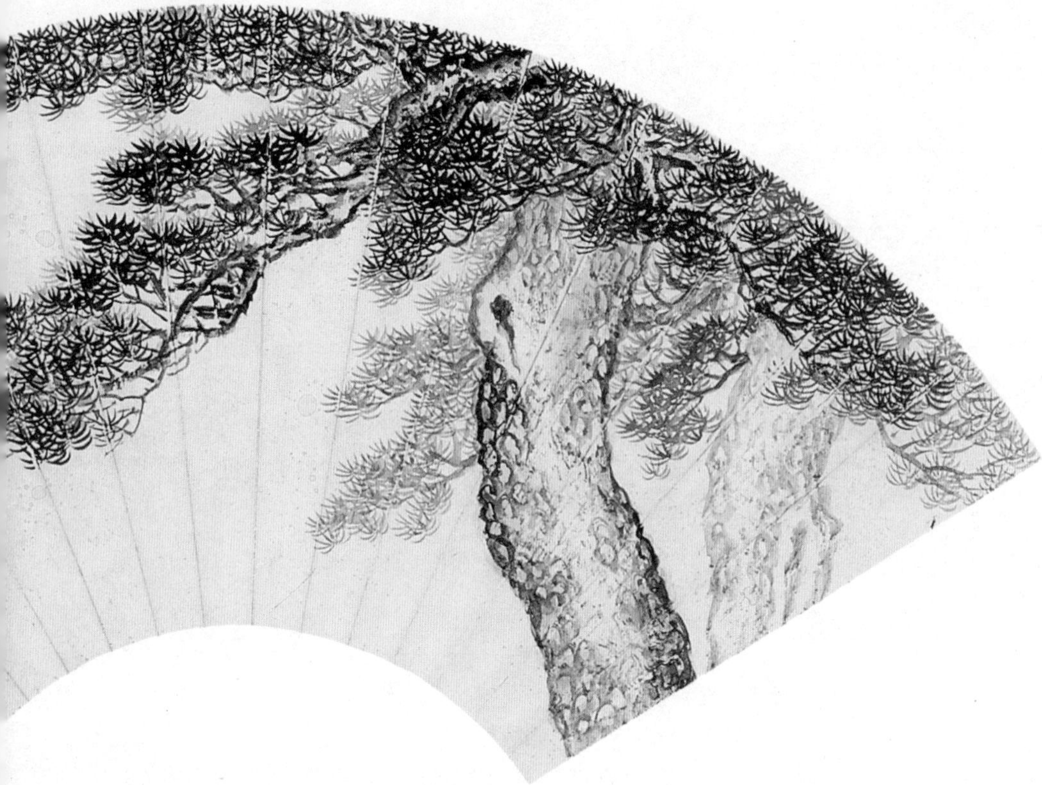

青虬图

二十世纪六十年代作　扇面　水墨纸本　个人收藏

山　水(十四)

二十世纪六十年代作　扇面　设色纸本　北京师范大学收藏

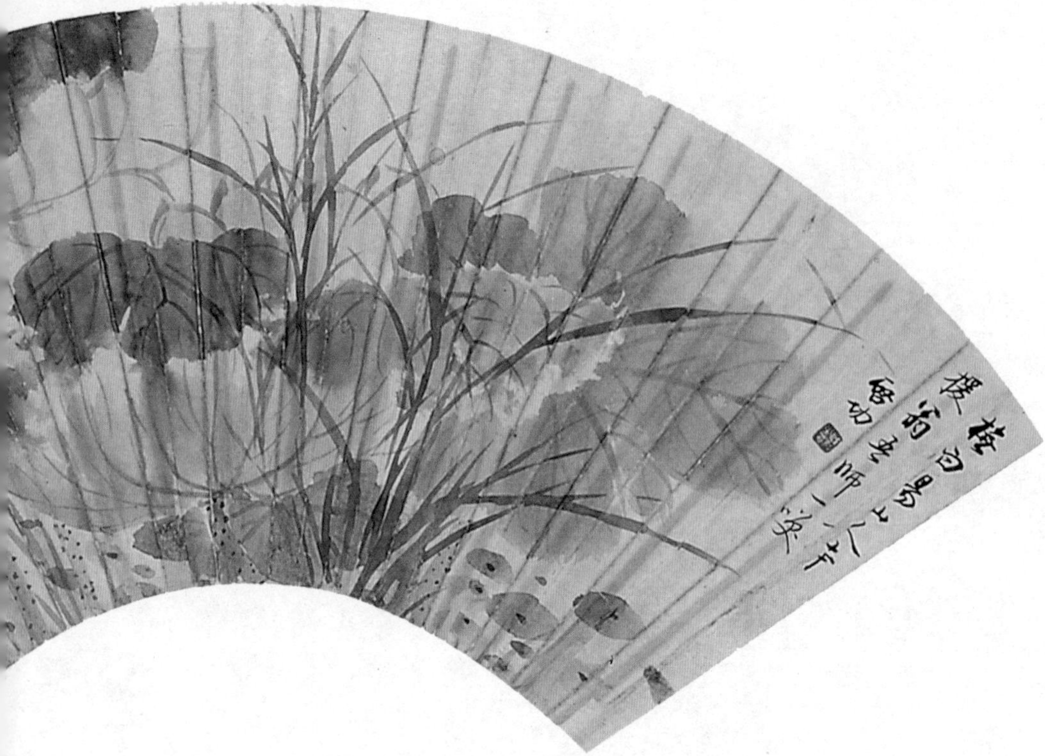

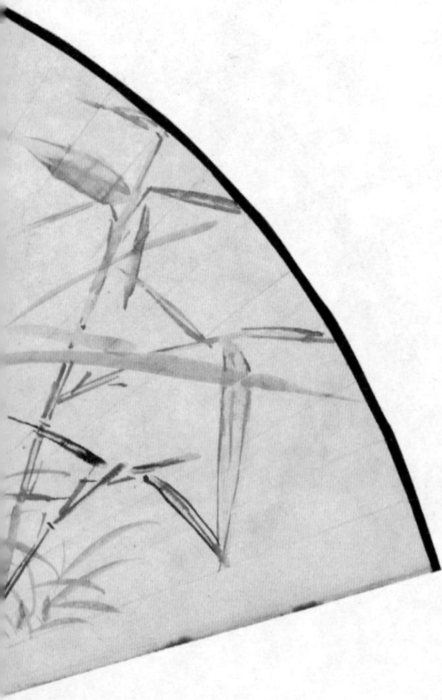

荷 花(二)

二十世纪六十年代作 扇面 设色纸本 北京师范大学收藏

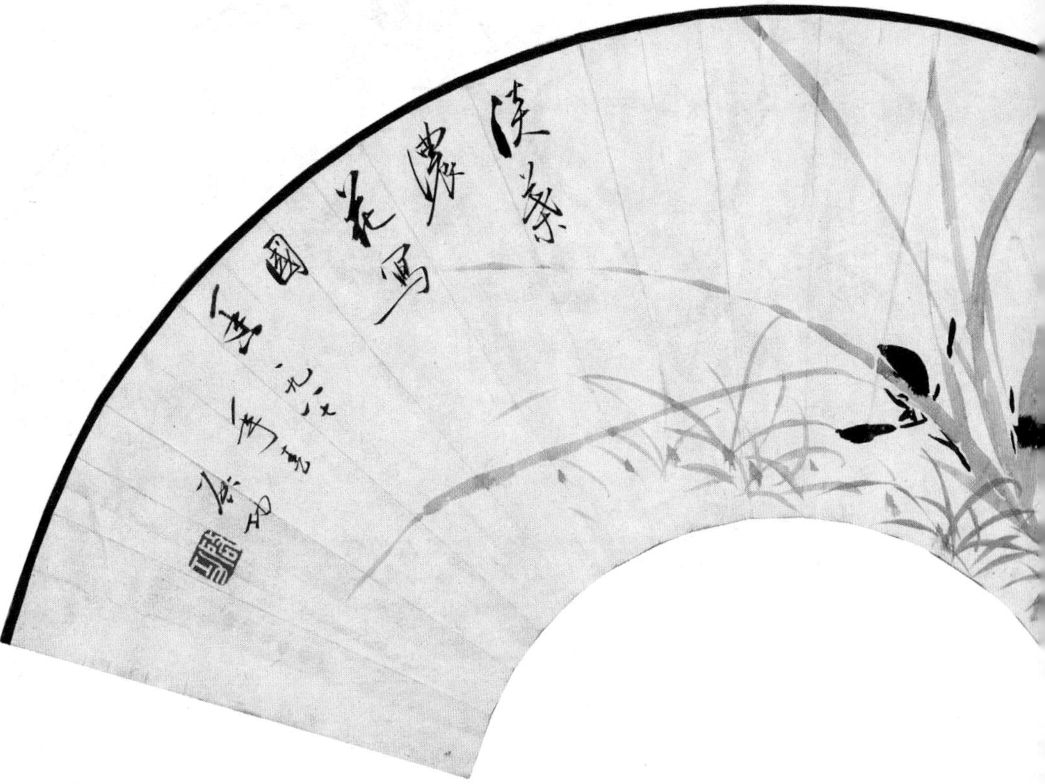

淡叶浓花

一九八七年作　扇面　水墨纸本　全国政协书画室收藏

三老图

一九八七年作　扇面　水墨纸本　全国政协书画室收藏

朱竹　唐诗(另面)

一九八八年作　扇面　设色纸本　个人收藏

乱蕊迷香

二十世纪八十年代作　扇面　水墨纸本　个人收藏

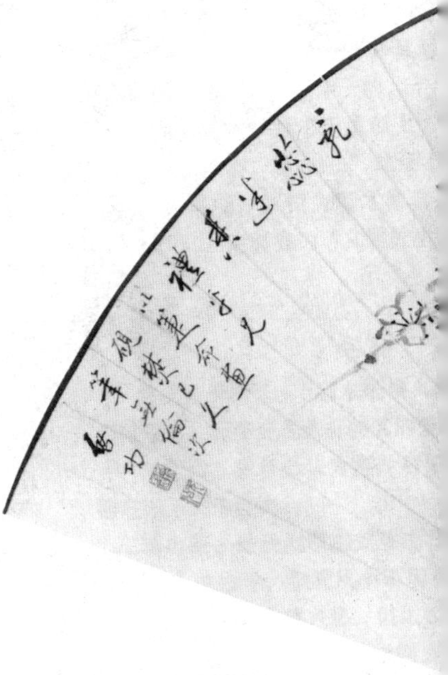

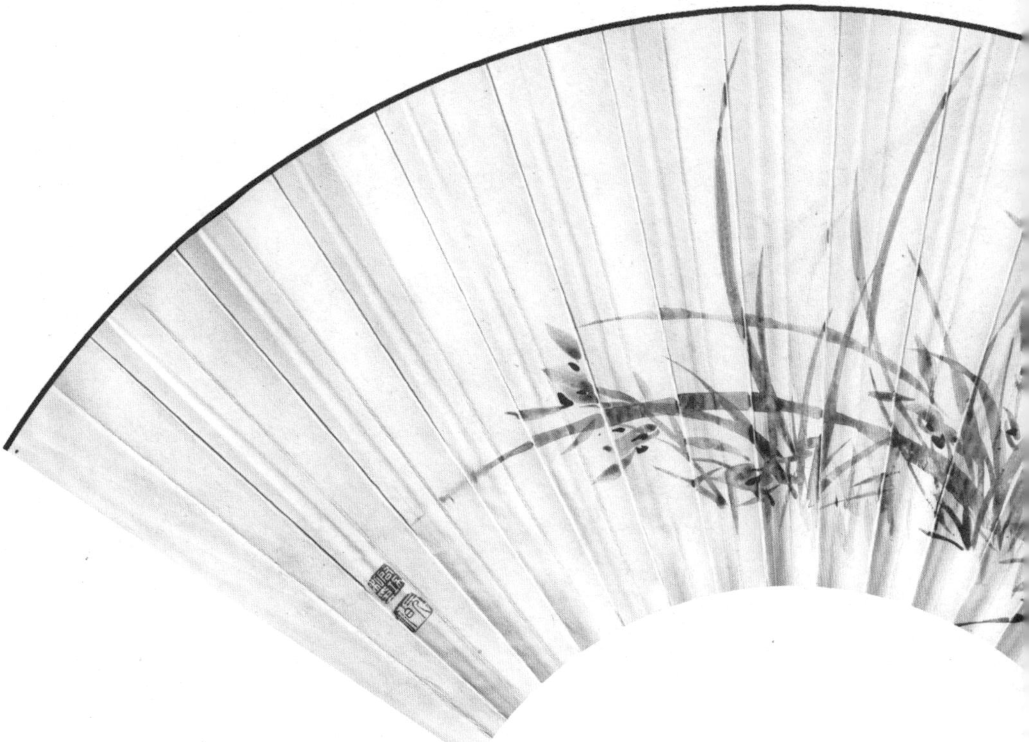

兰　花(一)

二十世纪八十年代作　扇面　设色纸本　个人收藏

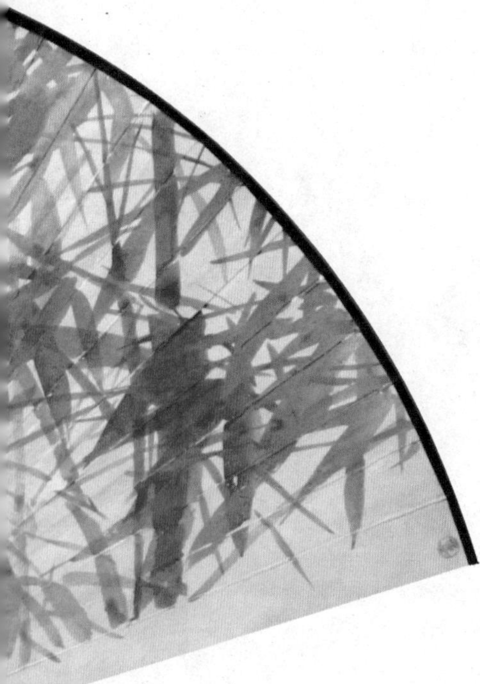

墨 竹(三)

二十世纪八十年代作　扇面　水墨纸本　个人收藏

朱 竹

二十世纪八十年代作 扇面 设色纸本 个人收藏

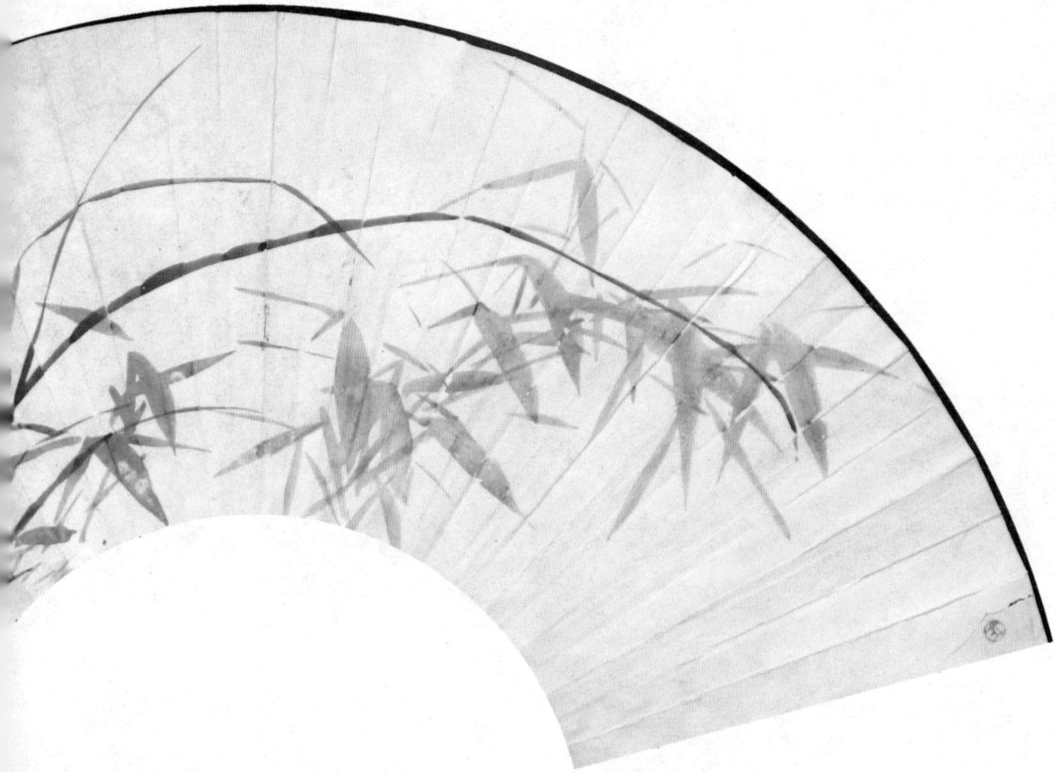

兰 竹(二)

二十世纪八十年代作 扇面 设色纸本 个人收藏

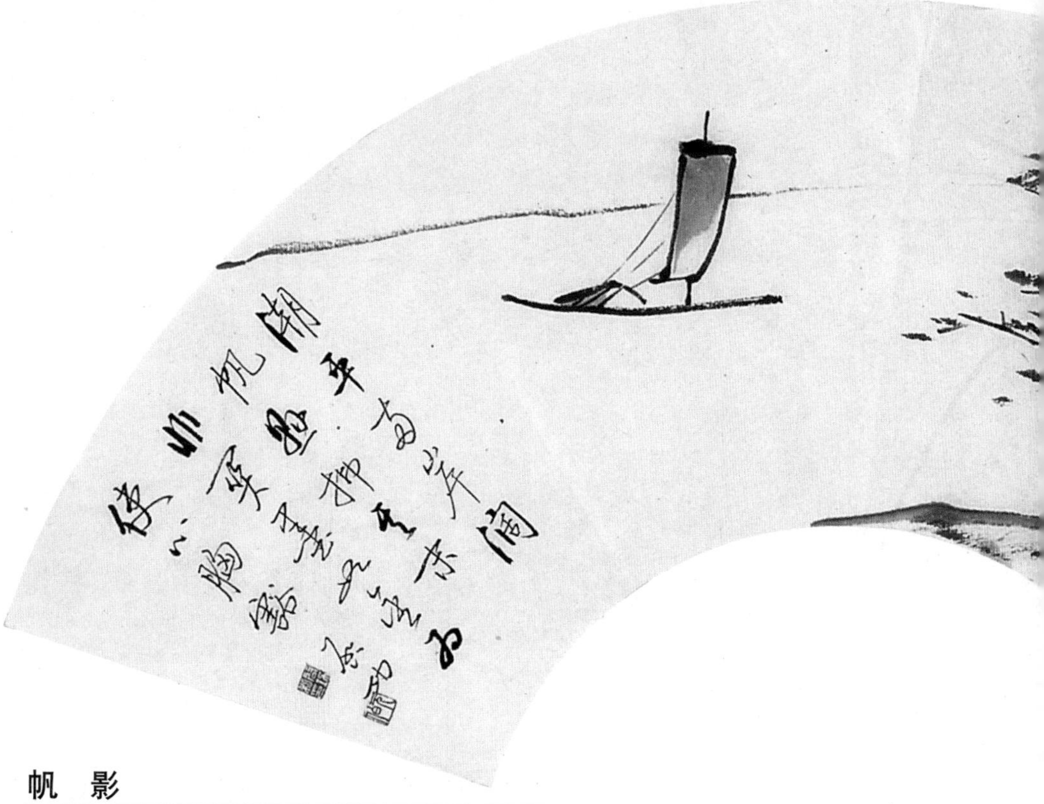

帆 影

二十世纪八十年代作　扇面　水墨纸本　个人收藏

墨　竹(四)

二十世纪八十年代作　扇面　水墨纸本　个人收藏

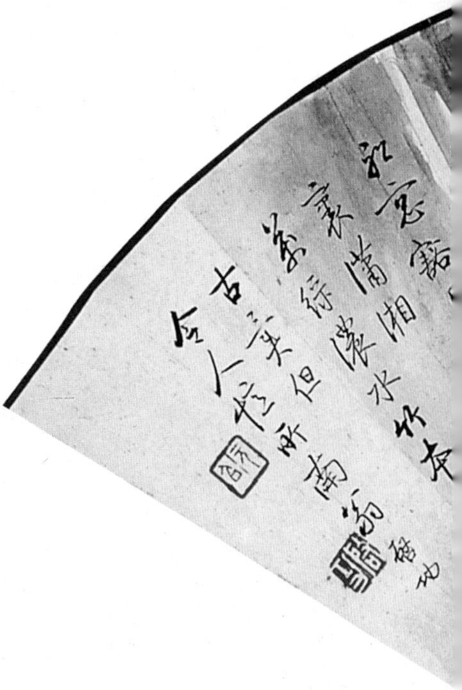

岭上春光

二十世纪八十年代作　扇面　设色纸本　个人收藏

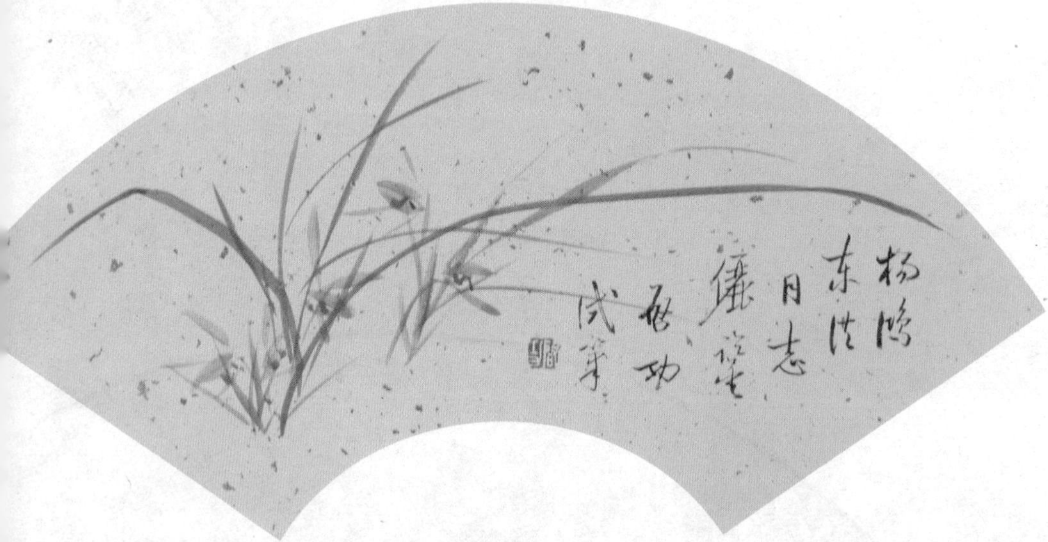

兰 花(二)

二十世纪八十年代作　扇面　设色纸本　个人收藏

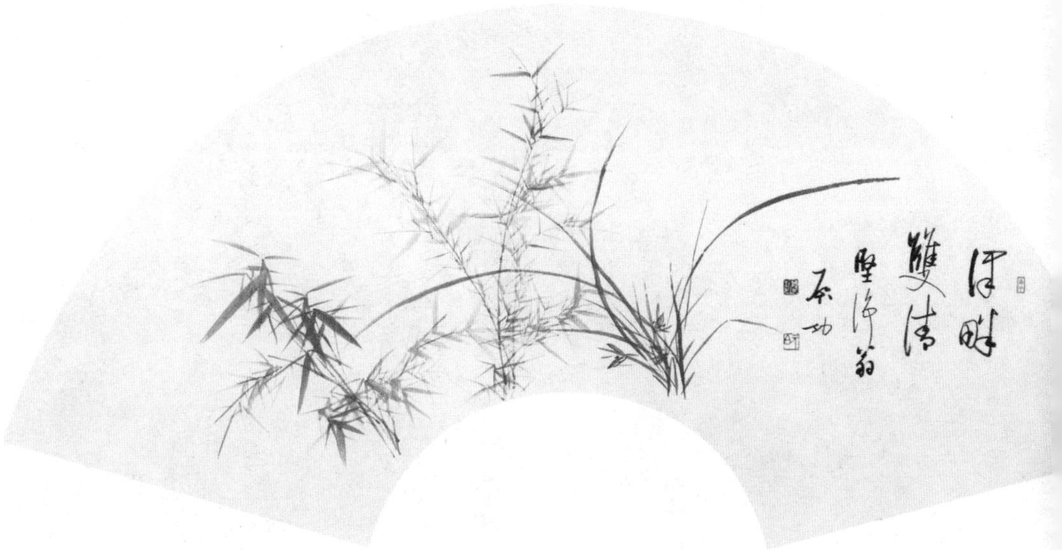

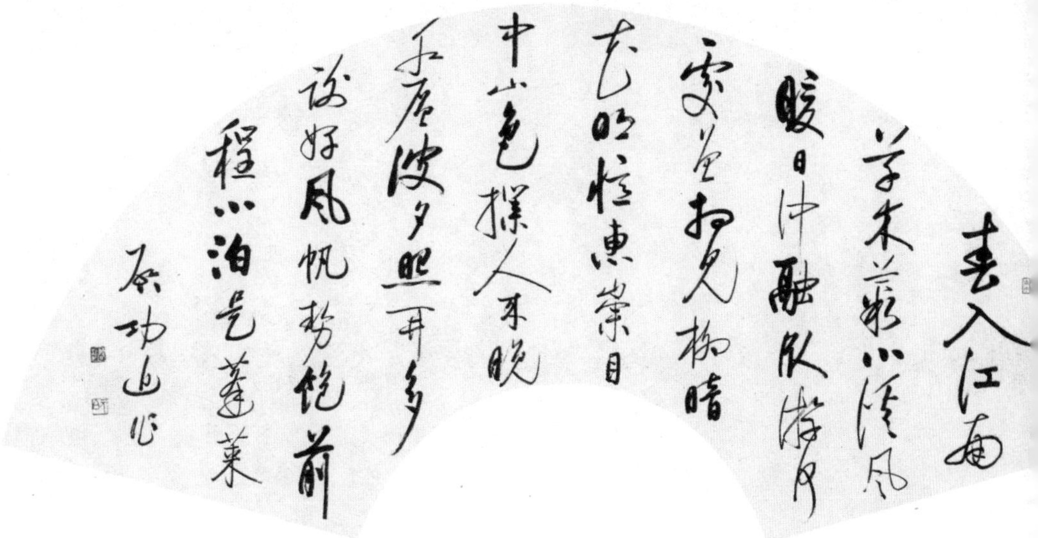

兰竹　书法(另面)

一九九二年作　扇面　设色纸本　个人收藏